ているからです。

さらに、米中新冷戦の時代が始まって、中国は世界のサプライチェーンからはずされようとしています。これでは、しばらく中国経済が浮上することはないと、世界の投資家たちは判断したようです。

眠っていた日本人の個人金融資産2000兆円が新NISAに殺到する

そうなると世界でも一番魅力的な市場は、日本以外に考えられません。

しかも日本では、2024年1月から新NISA（少額投資非課税制度）が始まりました。これまで眠っていた最大で2000兆円以上といわれる日本人の個人金融資産がいよいよ動き出します。

その波に乗って海外の機関投資家も、新NISAが向かうであろう銘柄を買おうとしている。なぜなら新NISAに投入されてくる資金規模は、1000兆円にもなると言っていいからです。

日本人の金融資産2000兆円のうち、株式や投資信託などに投資しているお金は1000兆円くらいありますが、それ以外の1000兆円は、これまでタンス預金や銀行の普通預金、郵便貯金に入っていて何もせずに眠っていました。

だから新NISAのポテンシャリティーは眠っているお金の総額である1000兆円くらいあると言えるわけです。

新NISA時代の「三種の神器」は、好業績、高配当、低PBR

かつてない活況を呈するであろう2024年の株式市場の特徴は、なにより「新NISA関連銘柄を買え！」となるでしょう。最近、私はこれを「新NISA銘柄をねらい撃ち」と言っています。新NISA銘柄の選定には特別な知識は必要ありません。なにしろ世界でも一流の日本のトップ企業を買えばいいだけですから、簡単です。

ただし、業績見通しが悪いとだめです。好業績、高配当、低PBR、これが新NISA

時代の「三種の神器」と言っていいでしょう。「三種の神器」を持っている銘柄を買えば、あなたはお金持ちになれるのです。

日本経済にとって、これほど好条件がそろったことはかつてなかったと言っていいかもしれません。30年も続いたデフレ経済が一気に転換して、脱デフレからすべてが好循環に入って、経済が拡大し、世界からマネーが殺到する局面に日本は入っています。いま投資をせずに、いつ投資するのか。もちろん自己責任ですが、今世紀始まって以来最大の投資のチャンスをいまこそ活かすようにしてください。

世界のお金が新NISAに殺到！　爆上げする日本株で資産をつくれ――【目次】

はじめに

第1章　波動から見て日経平均は8万円になる

第2章 なぜ世界のお金は日本を目指すのか

第5章 世界経済を大きく変える波乱要因はあるか

第6章 新NISAで大化けする株を買え！

装幀――赤谷直宣

第1章

波動から見て日経平均は8万円になる

34年ぶりに日経平均が4万109円で最高値を更新

いまの日本株はかつてない活況を呈しています。

昨年、2023年の4月から株価上昇が続いてきましたが、2024年の年初から上に放れてマドをあけて、3万5000円、4万円のゾーンにすでに入ってきていました。

そして、この2月22日に日本を代表する225銘柄で構成される日経平均株価が3万9098円68銭をつけて、バブル経済絶頂の1989年12月につけた終値ベースの最高値（3万8915円）を上回り、34年ぶりに史上最高値を更新しました。

さらに立て続けに株価は上昇し、3月4日には、4万円の壁をも越えて、4万109円をつけてきました。

昨年も世界的に優れたパフォーマンスを日本株は記録してきましたが、海外投資家の資金流入が続くなかで、いま日本株は歴史的な転換点を迎えたと言っていいでしょう。

この最高値更新の快挙には、さまざまな要因が考えられますが、まず国内要因として大きいのは、ようやく日本がデフレ経済から脱却しつつあることです。

また、上場企業のコーポレートガバナンス（企業統治）改革に対する期待などもあげられますが、なにより、中国のバブル崩壊が本格化して、お金が中国から逃げ出して、経済も好調でデフレからも脱却しつつある日本へと向かっていることが大きく影響しています。

すなわち中国売りの日本買いが起きているのです。


さらに日本には新ＮＩＳＡで、これまで眠っていた１０００兆円とも２０００兆円とも言われる巨額の個人金融資産が動き出すという期待が高まっています。

詳しくはのちほど解説しますが、日本は外からの要因と内からの要因の両方ともプラスになっている。だから今回の株価の動きはきわめて強いということが言えます。

菅下流波動理論が見事に的中した

今回、日経平均株価がバブルの高値を超えたのは、まさに私が前作『日経平均４万円時代に世界がうらやむ日本の大化け株を探せ！』（２０２３年11月刊）でも予想したとおりです。

２０２３年の年末段階でも、3万５０００円プラスマイナス１０００円ていどで日本株は推移するだろうと、私が主宰するスガシタボイスの会員のみなさんにはお伝えしていました。

今年はチャートの波動から見て、早ければ2月、３月にもバブルの高値を取る。遅くとも4月中旬からゴールデンウィークに日経平均は4万円台に入る。そう予測していましたが、上げのピッチは早いほうに出ました。

株価のチャートを見ればよくわかりますが、多くの株が上にマドをあけて上がっています。波動から見たら、相場は底入れして、上がるときは上にマドをあけて、直近の高値を突破していきます。この３つがそろったら、個別の銘柄でも完全に上昇トレンドと言っていい。日経平均株価も完全にそういう動きになっています。

図1を見てください。このチャートを見れば、日経平均株価は去年の1月4日にきれいな底値が入っているのがわかります。そして、そこから株価は上昇しました。

２０２３年の年初1月4日の2万５６６１円が去年の安値で、そこから上昇して、6月

19日に3万3772円をつけた。これが一番天井です。

その後、約数カ月もみ合って、9月15日に3万3634円で二番天井をつけて本格的な調整があった。

二番天井をつけたら、いったん下がる、そして二番底を入れてから上がる。これが相場の波動ですが、この波動どおりです。

9月15日にダブルトップをつけてどーんと下がって、10月が調整局面で10月4日に3万487円、10月30日に3万538円でダブルボトムが入り、そこから上がってきた。だから、短期波動の上昇第1波は、2023年、去年の1月4日から6月19日まで上げた。金額にして8111円の上昇です。これが第1波でした。

株価は天井をつけると、その後、高値圏でもみ合います。

なぜかと言えば、高値圏ではもう天井だと思う人とまだ上がると思う人が五分五分なので横這いしてもみ合うという簡単な理論です。

そして、二番天井をつけた後は売り方優勢となって、それで10月にダブルボトムが入っ

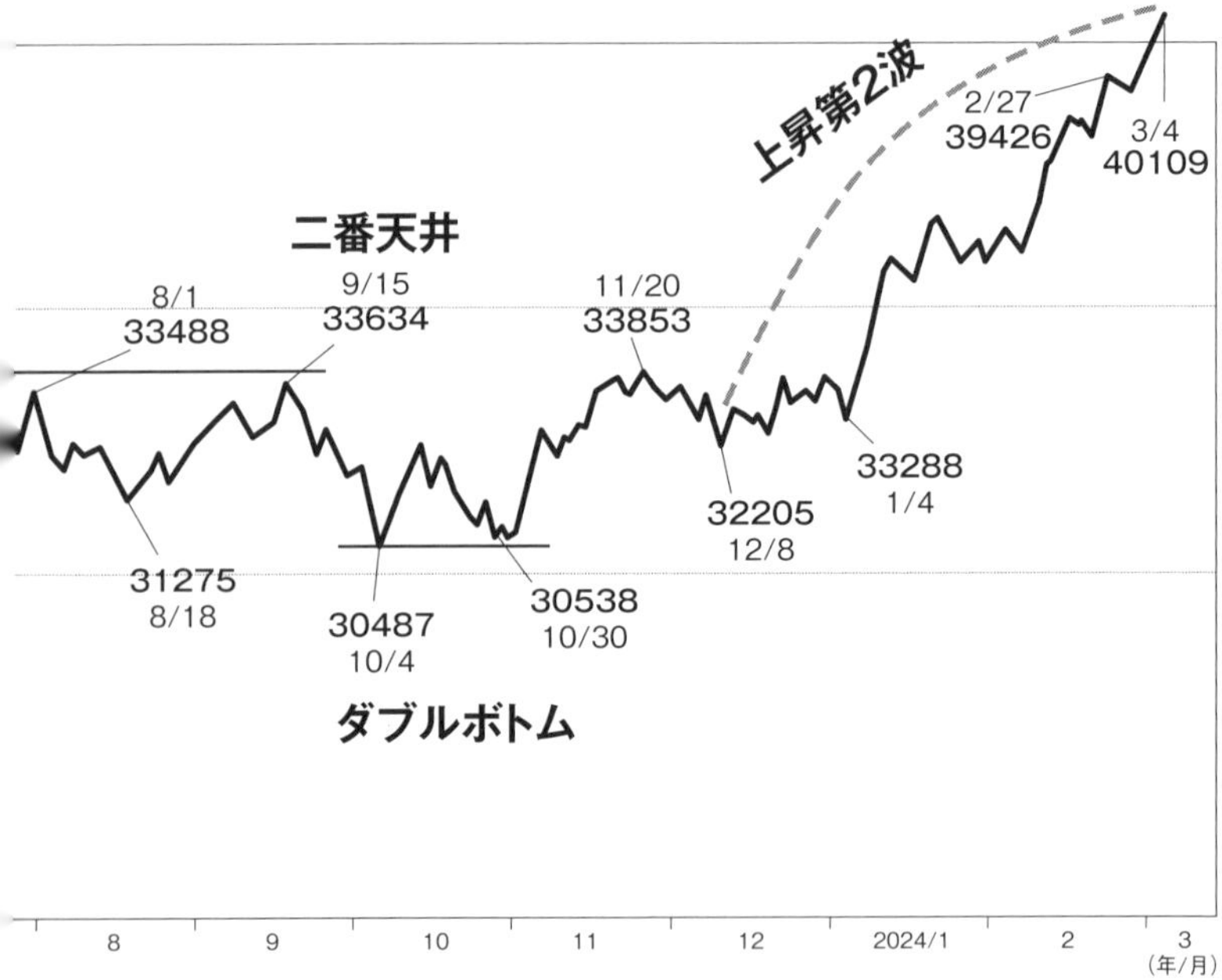
上昇第2波
二番天井
8/1
33488
9/15
33634
11/20
33853
2/27
39426
3/4
40109
31275
8/18
30487
10/4
30538
10/30
32205
12/8
33288
1/4
ダブルボトム
8
9
10
11
12
2024/1
2
3
(年/月)

て、10月30日の二番底を入れてから上がってきました。

２０２３年10月30日にダブルボトムを入れた後の高値は、11月20日の３万３８５３円で、６月と９月のダブルトップを抜いてきていた。なので、私は年末は３万５０００円プラスマイナス１０００円、場合によっては３万６０００円もあるかと思っていましたが、結果的には６月、９月のダブルトップを抜くのがやっとだった。

図１　日経平均株価推移（短期）

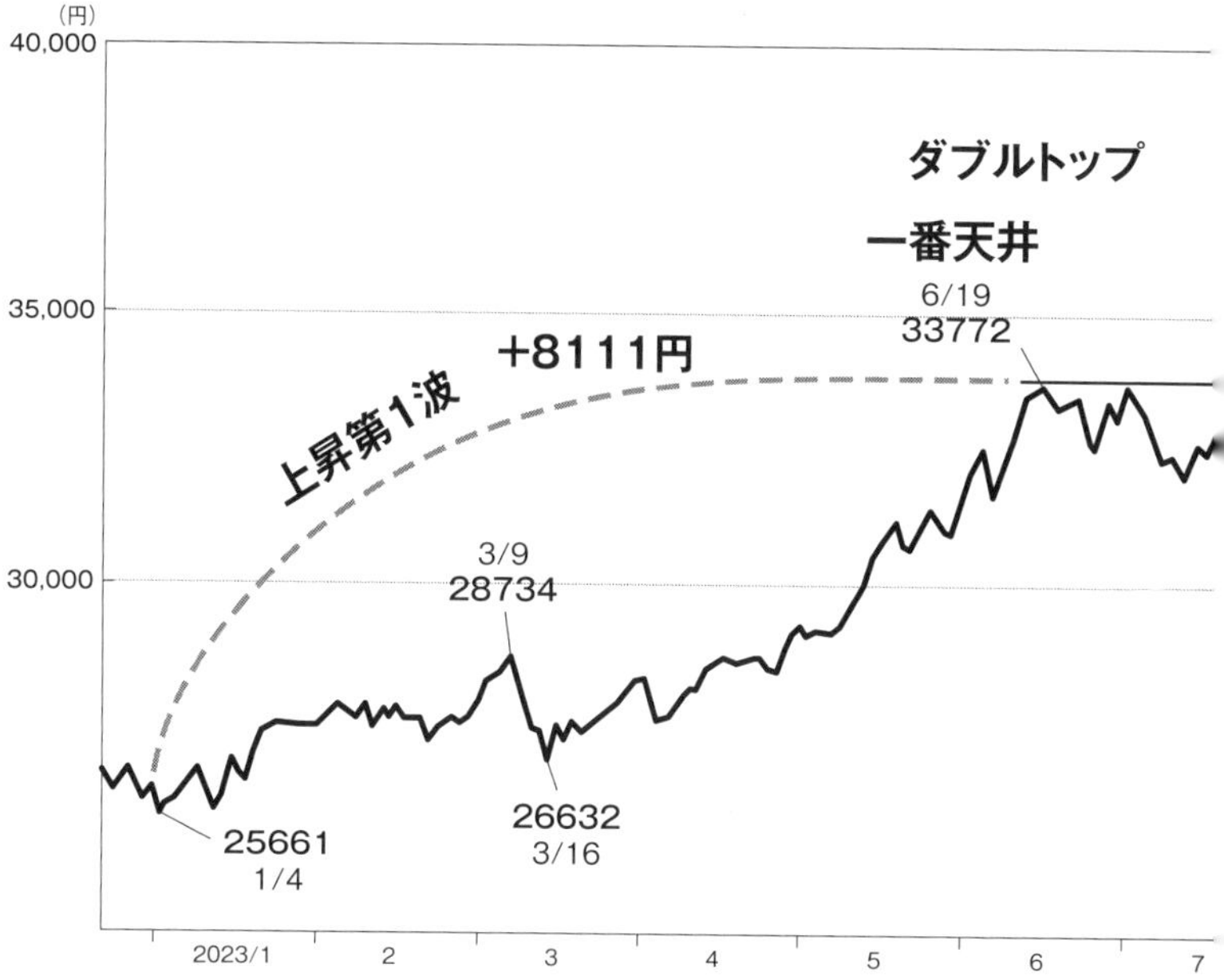

年末は３万３８００円とか３万３９００円でもみ合って終わった。

このダブルトップを一気に抜いて上がる場合もあったのですが、このときはなぜ上がらなかったのかと言えば、年末に円高になってしまったからです。円高に株価が足を引っ張られてしまった。

しかし、年初にまたまた株価は上にマドをあけて上がり始めて、2月22日についに34年ぶりに最高値を更新して、さらに3月4日には、4万円の壁を越えてきました。

一番早いシナリオで4万円を超えてきた

これは非常に強い波動です。もう一度図1のチャートを見てみましょう。2024年の年初1月4日の最初の取引はやはり安値でした。能登沖の地震と日航機と海上保安庁の飛行機が滑走路上で衝突するという不幸な事故が重なったからです。

2023年も1月4日は安値でしたが、今年2024年も、年初の1月4日は安値でした。

そこから上に小さなマドを3回入れてどーんと上がって、1月23日に3万6984円をつけた。ここで完全に去年のダブルトップを抜きました。それで、私が前から言っているように、3万円~3万5000円のゾーンから、今年は3万5000円~4万円のゾーンにいま入ってきた。

だから、株価は4万円の壁にトライしようとしていました。私は、4月中旬からゴールデンウィークぐらいにかけて4万円の壁にトライするのではないかと予想していましたが、それよりも早い場合もあり得るということを「スガシタボイス」の会員には言っていました。それはなぜか。

先ほど私が言った去年、11月20日の3万3853円が去年の年末につけた高値ですが、高値をつけた後の安値はどこかというと去年の12月8日で3万2205円が安値でした。波動の動きを解説すると、この上昇波動は3万2205円から始まっている。それが12月8日なので、ここから2カ月後か3カ月後に高値をつける可能性があるというのが波動の読みです。

何度も言いますが、波動には短期の波動と長期の波動があって、短期の波動の短期は2ないし3カ月。短期の波動の中期は約半年、短期の波動の長期は12ないし13カ月、約1年。この波動がある。この波動の動きを頭で知っていても、実戦で活用できないとだめです。

ここで重要なのは、12月8日が出発点だとわからなければいけません。いまの相場の短

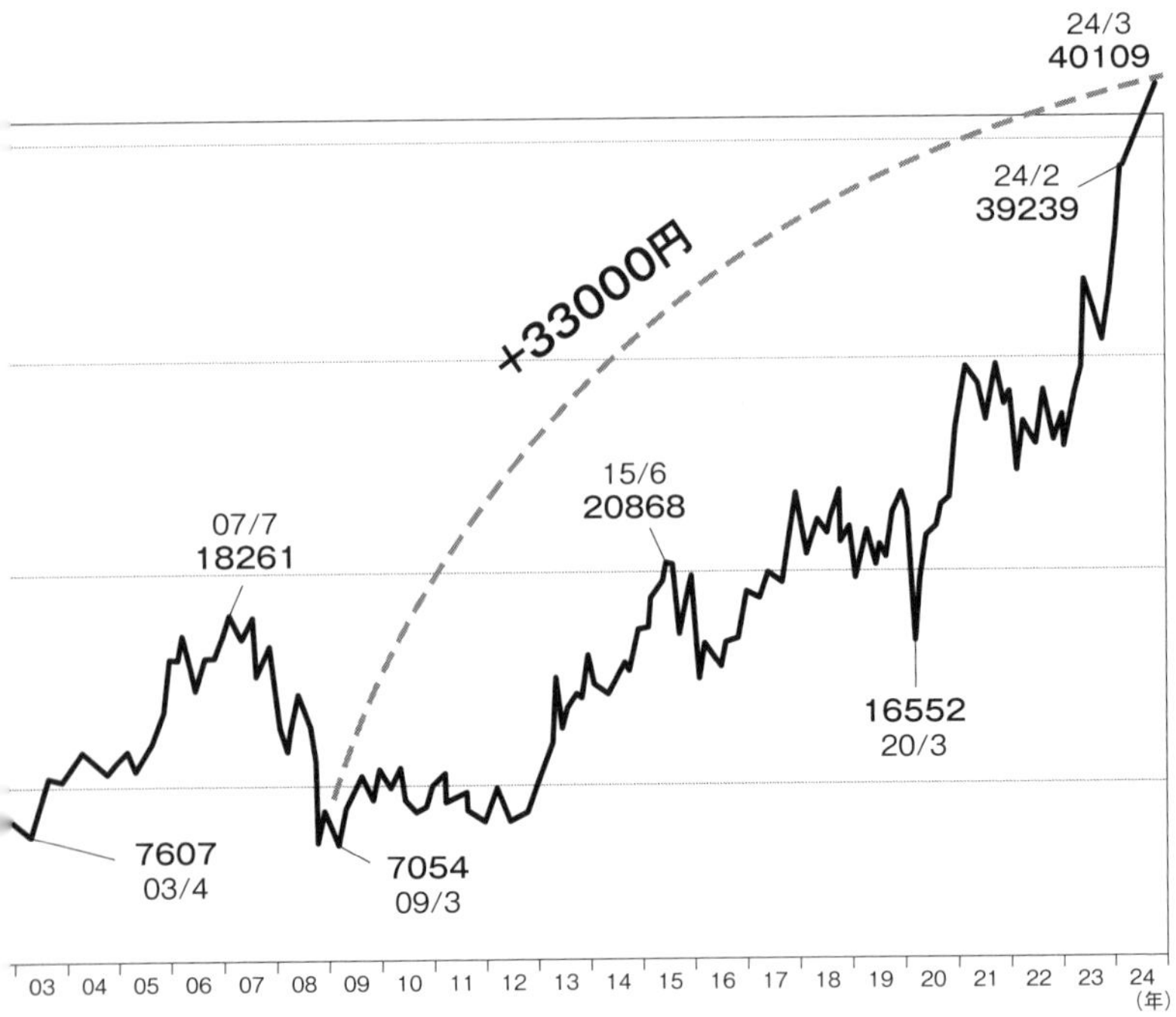
24/3
40109
24/2
39239
+33000円
15/6
20868
07/7
18261
16552
20/3
7607
03/4
7054
09/3
03
04
05
06
07
08
09
10
11
12
13
14
15
16
17
18
19
20
21
22
23
24
(年)

期波動の出発点は2023年12月8日の3万2205円で、そこから上がっている。

そうすると、ここから「3月またがり60日」の波動なら2月8日。だから、一番早い場合は2月8日ぐらいに高値をつける可能性があった。それがいまやってきたのです。

遅くも12月8日から3カ月後の3月8日。2月8日から3月8日の間に新高値をつける可能性があった。

図2　日経平均株価推移（長期）

（円）
40,000
30,000
20,000
10,000
89/12
38915
96/6
22666
14309
92/8
12879
98/10
6849
82/10
82 83 84 85 86 87 88 89 90 91 92 93 94 95 96 97 98 99 00 01 02

これが一番早いシナリオですが、まさにそのシナリオどおりに動いてきたのです。

しかし、このバブルの高値を更新したり、4万円台に入ると、いったんはもみ合うはずです。去年2023年の3万3000円台でもみ合ったような、もみ合いがある。

去年は6月の高値をつけた後、二番天井をつけるのに7、8、9と足かけ3カ月もかかった。それで9月の高値を次に抜いたのは11月だから、2カ月かかっている。ですから3カ月、2カ月とだんだん早まってきています。今度も1～2カ月ぐらいで高値をつける可能性がある。いまの株式市場はそういう速度です。

株価はいったん下げて、そこから上がってくる

長期波動で見ると、日経平均の当面の目標値は3万9000円近辺でしたが、実際にはこのバブルの高値を超えて、4万円の壁も乗り越えてきました。

4万円になると、リーマン・ショックの大底から3万3000円上げることになる。遅くとも4月、5月にはもう一度高値をつけます。

短期の波動で言うと、前半で1回、4万円近辺でダブルトップをつけると思います。今年はたぶん前半にいいのを織り込んで上がるので、前半が買いです。しかし、後半は波乱になる。なぜかについては後述します。

4万円をつけたので、リーマン・ショックの安値から3万3000円上げました。

そうすると、3分の1押し下げるとすると、マイナス1万1000円です。4万円からマイナス1万1000円というと、2万9000円。だから、1回、3万円近辺まで下げることが予想できます。

この3万円というのは、先ほど言った去年の安値が10月4日と10月30日。これが長期の波動から見た押し目のメドです。では昨年10月4日の安値3万487円からの上げ幅の3分の1押しはどこかというと、3万7000円近辺です。なので今回の調整局面が浅ければ3万7000円近辺、深ければ3万円近辺というのが相場の波動から見た読みになります。この安値近辺でダブルボトムをつけて、もみ合って4万円の壁を突破してくれば長期波動では将来の日経平均8万円が見えてきます。

日経平均はなぜ8万円になると予想できるのか

なぜ8万円になるかといえば、私は波動を見ているからです。

何度も繰り返し述べていますが、戦後の株式市場は5回、大相場がありました。その大

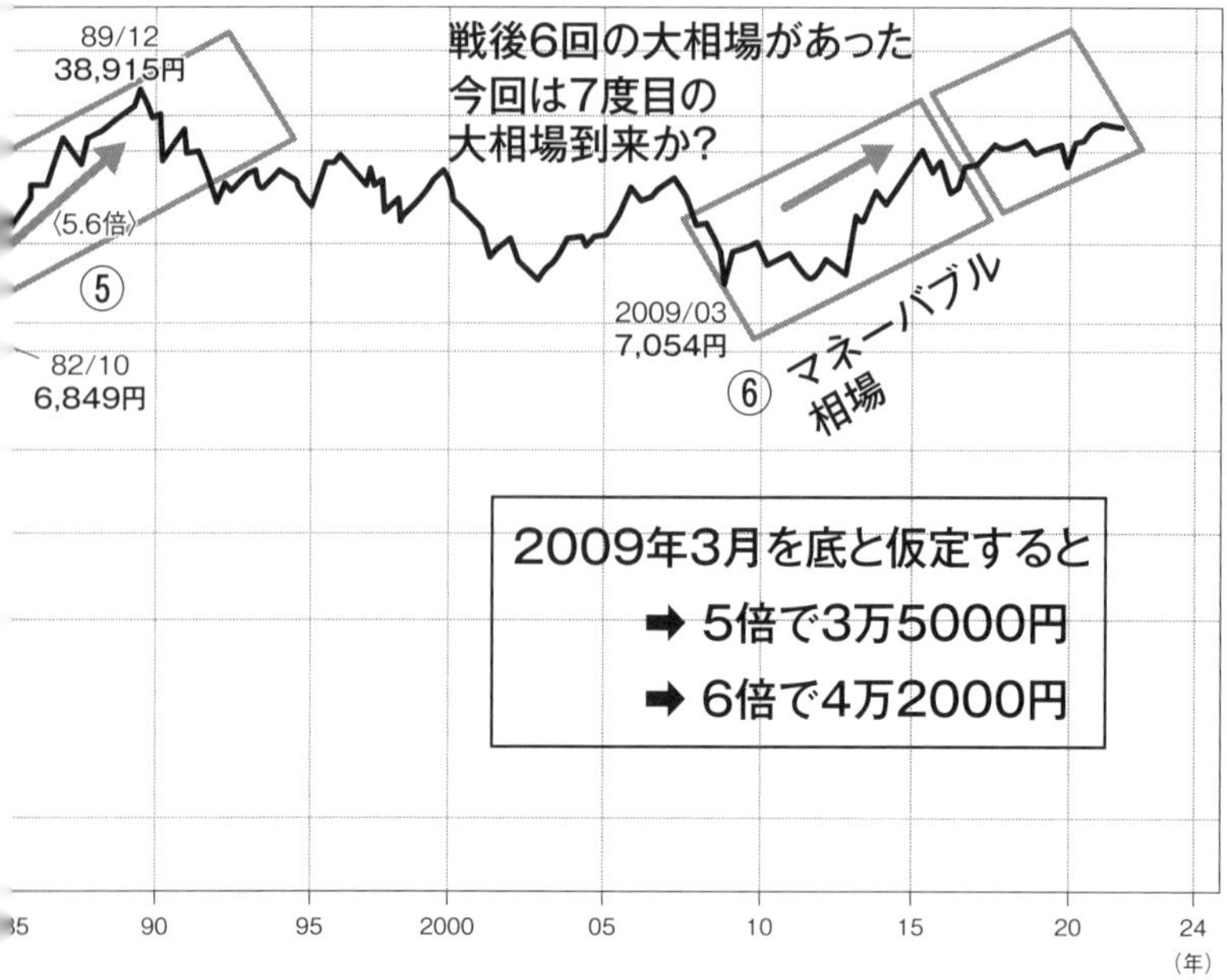
89/12
38,915円
戦後6回の大相場があった
今回は7度目の
大相場到来か?
〈5.6倍〉
⑤
82/10
6,849円
2009/03
7,054円
⑥
マネーバブル
相場
2009年3月を底と仮定すると
➡ 5倍で3万5000円
➡ 6倍で4万2000円
85
90
95
2000
05
10
15
20
24
(年)

相場では、日経平均が出発点から、みんな5倍以上になっている。1回だけ例外があって2・39倍にとどまった。それは途中でオイルショックがあったからです。

2013年4月4日に黒田東彦日銀総裁が異次元の金融緩和を開始した時点から始まったアベノミクス相場が、2018年の10月でいったん終わったと見ると、その時点での株価は、2万4000円台でした。20

図3　戦後の株価推移

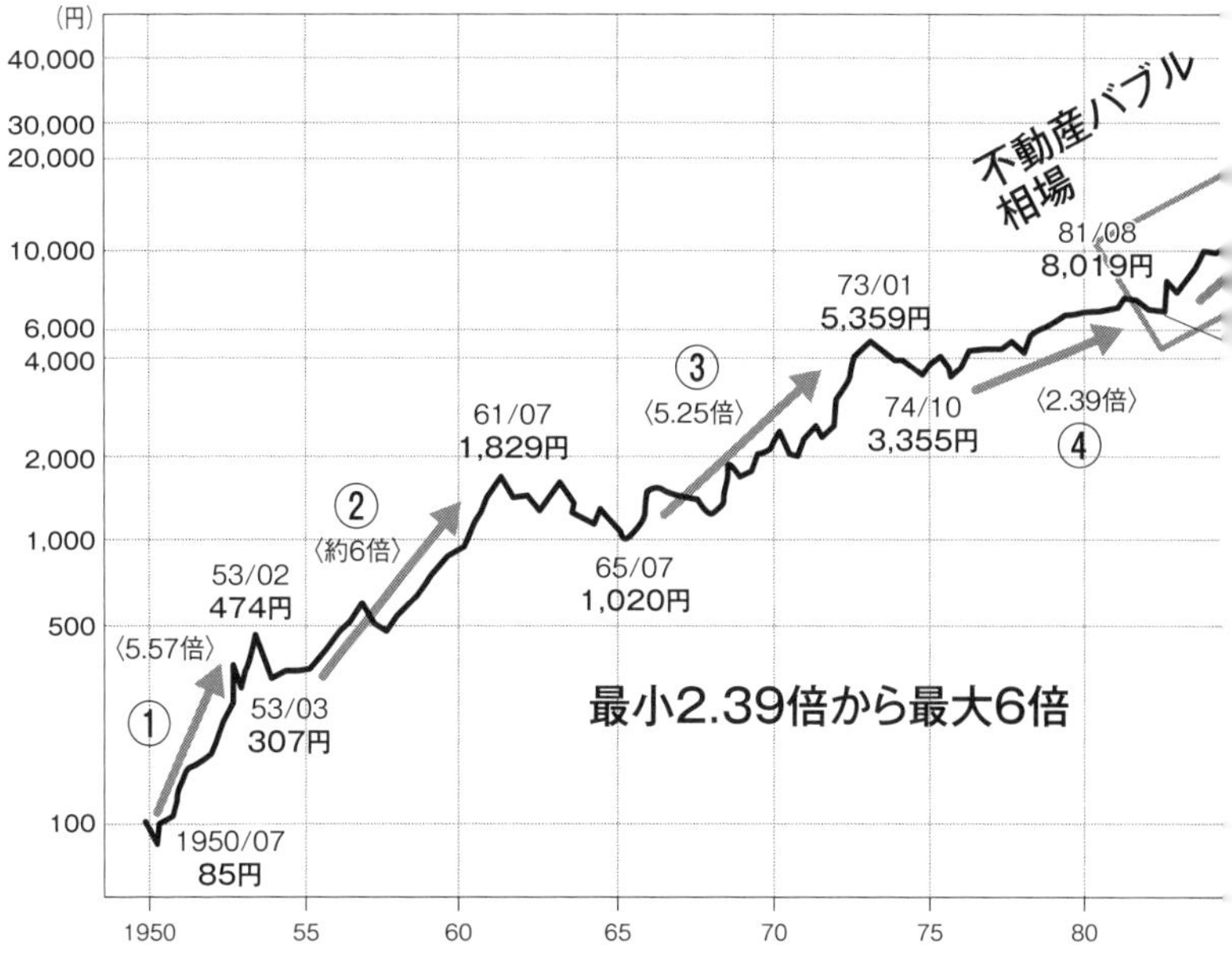

13年の8000円台から約2・5倍ぐらいになっている。これは戦後5回の大相場のうち、オイルショックのときと同じぐらいの上げ幅ということになります。

なぜアベノミクス相場がここでいったん終わったのかと言えば、安倍首相が森友学園問題や、経済特区の加計学園問題などの政治スキャンダルでピークアウトしていたからです。実際に安倍首相が退任したのは、コロナのパンデミックが始まった２０２０年の８月28日でしたが、株価は安倍政権の命脈が尽きたと判断していたのです。株価は現実よりも先に織り込むので、ここでもう安倍さんは力尽きていたのです。

この戦後５回の大相場で、６回目のマネーバブル相場は、安倍さんが２０１８年の10月に力尽きて、６回目は2倍台で終わった、と考えると、今回は７回目の大相場になります。

こうしてアベノミクス相場は、５年上げて２０１８年の10月に天井をつけて、そこからずっと下がって２０２０年のコロナ・ショックの３月17日に１万６５５２円（週足ペース）で底入れした。そこから、いま戦後７回目の大相場が始まりつつあると私は見ています。

７回目は１万６０００円台の５倍で８万円という波動です。最低で５倍ですから８万円以上になるかもしれません。それが波動理論から導き出されるのです。

日経平均が、10万円になると言っている人もたくさんいます。しかし、その目標値に対する何らかの裏付けがないと絵に描いた餅《もち》になります。

私の予測は、波動理論から導きだされたものです。波動から見て８万円があり得ると見ている。ただし、その８万円を前提にするなら、まず２０２４年にバブルの高値を奪回して4万円相場がやってくると予測していましたが、まさに4万円を超える相場がやってきているのです。

株価4万円を突破していくリーディングカンパニーを探せ

それでは、このゾーンの上限である4万円を突破していくリーディングカンパニーとはどんな会社なのか。

去年の相場を牽引していたのは、1に海運、2に鉄鋼、3に商社でした。つまり、バリュー株の底上げ相場でした。

しかし、それらの銘柄は、この1年間でものすごく上がってしまった。PBRも1倍以上に回復したり、利回りも10%だったのが、いまはもう3%になったりしている。まだ海運、鉄鋼、商社は上がるでしょうが、もはやバーゲンセールとは言えません。

つまり、去年ならばバーゲンセールだったのが、今年は定価に近い値段で販売されている。買って損はないけれども、そんなにお得ではないという感じになっています。この3

月決算で、去年はバーゲンセールだった3業種以外にどんなものが出てくるのか。それが投資家のねらい目になってきます。

新NISA時代の株式相場の勝ち組になる

そのねらい目は何かというと、やはり新NISA（少額投資非課税制度）が1月から始まったことです。

これまで日本人は個人の金融資産をほとんど現金や預金のかたちで持っていました。日本人ほど株などの現金以外の金融資産を持っていない国民はいません。アメリカ人は金融資産といえば、ほとんどが株や債券になっている。それが、新NISAでようやく日本人も、いわゆる貯蓄だけでなくて投資するという方向に行きつつある。

政府が株式や投資信託など金融商品への移行を奨励して、いくら「貯蓄から投資へ」と叫んでも、日本人はぴくりとも動かなかった。それが、今回の新NISAで流れが大きく変わりつつあります。

日本の１０００兆円とも２０００兆円とも言われている個人金融資産が新ＮＩＳＡを経由して市場に入ってくることが期待されています。

この個人の金融資産はその大半が長年、銀行預金やタンス預金になって眠っていました。この眠れる金融資産が株式市場に流入してくるとなったら株式相場はかつてない活況を呈することは間違いありません。

それを海外の投資家たちも期待して海外からも日本の株式市場に資金を投入し始めているのです。

新ＮＩＳＡで何が変わったのか

それでは、新ＮＩＳＡはこれまでのＮＩＳＡとどう変わったのか。ＮＩＳＡでは、投資で得た利益にかかる約20％の税金が取られません。そして、今回の新ＮＩＳＡでは非課税になる投資額が引き上げられ、運用できる期間が無期限になりました。

アクティブに株と投資信託に投資できる「成長投資枠」の非課税投資額は年間２４０万円、投信に積み立てる「つみたて投資枠」は年間１２０万円で、どちらの枠も併用が可能で使い勝手がずいぶんよくなっています。これで日本の個人の金融資産が株式などの金融商品に流れやすくなったことで、巨額の資金が市場に流入することが期待されています。

この新ＮＩＳＡが、今回の株高を推進する大きな力になっていることは明らかですが、新ＮＩＳＡで個人投資家が買ったのは、日本株ではなく海外株の投資信託のようです。じつは日本の株式相場の活況を見越した海外投資家が日本株を大きく買い越したことのほうが大きな要因になっているのです。

新ＮＩＳＡのお金はどこに流れているのか

新ＮＩＳＡに流れ込んだ個人投資家のお金がどこへ行っているかというと、３方面です。

１つは、国内のインデックスファンドです。これは日経平均とかＴＯＰＩＸの指標を買うものです。

図4　2024年から始まった新 NISA の概要

	つみたて投資枠	成長投資枠
併用	２つの枠は併用可	
非課税投資枠	年120万	年240万円
非課税運用期間	無期限化	
非課税保有限度枠（生涯投資枠）	合計1800万円	（うち1200万円）
口座開設期間	恒久化	
買える商品	長期の積み立て・分散投資に適した一定の投資信託（現行のつみたて NISA 対象商品と同様）	上場株式・投資信託等（①整理・監理銘柄　②信託期間20年未満、高レバレッジ型及び毎月分配型の投資信託等を除外）
対象年齢	18歳以上	
現行制度との関係	2023年末までに現行の一般 NISA 及びつみたて NISA 制度において投資した商品は、新 NISA 制度の外枠で、現行制度における非課税措置を適用（現行制度から新しい制度へのロールオーバーはできない）	

2つ目は、米国株式及びオールカントリーという世界株式インデックス。これはドル建てです。実は、こちらのほうが多く買われている。

3つ目はだれでも知っている大企業の株で、配当がいいものを買い始めている。代表的なものは三菱商事とか、そういう銘柄が上がっています。

金融機関で買うのなら、たとえば東京海上ホールディングス。年初3000円台だったのが、2月中旬には4400円で、もう1000円ぐらい上がっています。東京海上は配当も悪くない。

商社ならば三菱商事ですが、伊藤忠でもいい。双日、豊田通商などはダークホースのねらい目です。

銀行も日銀が3月か4月にはマイナス金利をやめるので、銀行株も上がるでしょう。

いまの日本の株式市場は、新NISAに向かうはげしい動きがあるので、これからの銘柄のねらい目は、簡単に言うと、世界で活躍する日本の超トップ企業で比較的PBRが低くて利回りのいい会社の株が買われることになるでしょう。先にも書きましたが、新NISA時代の「三種の神器」は好業績、高配当、低PBRです。

それがこの本のねらいです。そういう銘柄を30銘柄選んで、第6章で解説しますので、楽しみにしてください。

第2章

なぜ世界のお金は日本を目指すのか

チャイナ売りのジャパン買いが世界の合言葉

ではなぜいま日本株が高値を更新しようとしているのかと言うと、2023年から始まった賃上げインフレ、そして、円安、インバウンドの急増など脱デフレの波に乗って世界のマネーの潮流は、いままで中国に行っていたのが、中国売りの日本買いになっているからです。

アメリカの短期金利がいまは、5・25%〜5・5%と高止まりしているということは、世界のお金がドルに向かうので、新興国が苦しくなります。とりわけ不動産バブルの崩壊がはっきりしてしまった中国は苦しい。中国に投資されていたお金は引き上げられて、金利が高いところに向かう。

だから世界のお金は、まずはアメリカへ行く。アメリカが一番儲かるわけだから。そして次に日本に来ることになる。

2024年の世界経済を見渡すと、欧米はインフレ、日本は脱デフレ、中国はデフレに突入。したがって、欧米のマネーが必然的に日本に流入してくる。その流れが強くなって、怒濤のように押し寄せてきているイメージです。

日本は円安が続いているので、海外からの資金がさらに入りやすくなっています。

いまは世界でもアメリカの株と日本の株だけが図抜けてよくなっています。ドイツのDAX株も別にそれほど悪いわけではありませんが、やはり日米の株が世界でもとびぬけていい。円とドルの貨幣単位の違いはありますが、どちらも3万8000〜3万9000とシャドー相場のように、ほとんど相似形になっています。

日米同時株高なのですが、どちらかといえば、アメリカ株のほうにリスクがあります。インフレが亢進《こうしん》してしまって、利下げを期待して上昇していた株価が、金利の高止まりを懸念して急落する可能性があるからです。

アメリカの場合は株が上がると個人の金融資産が増えます。アメリカ人の多くが資産を

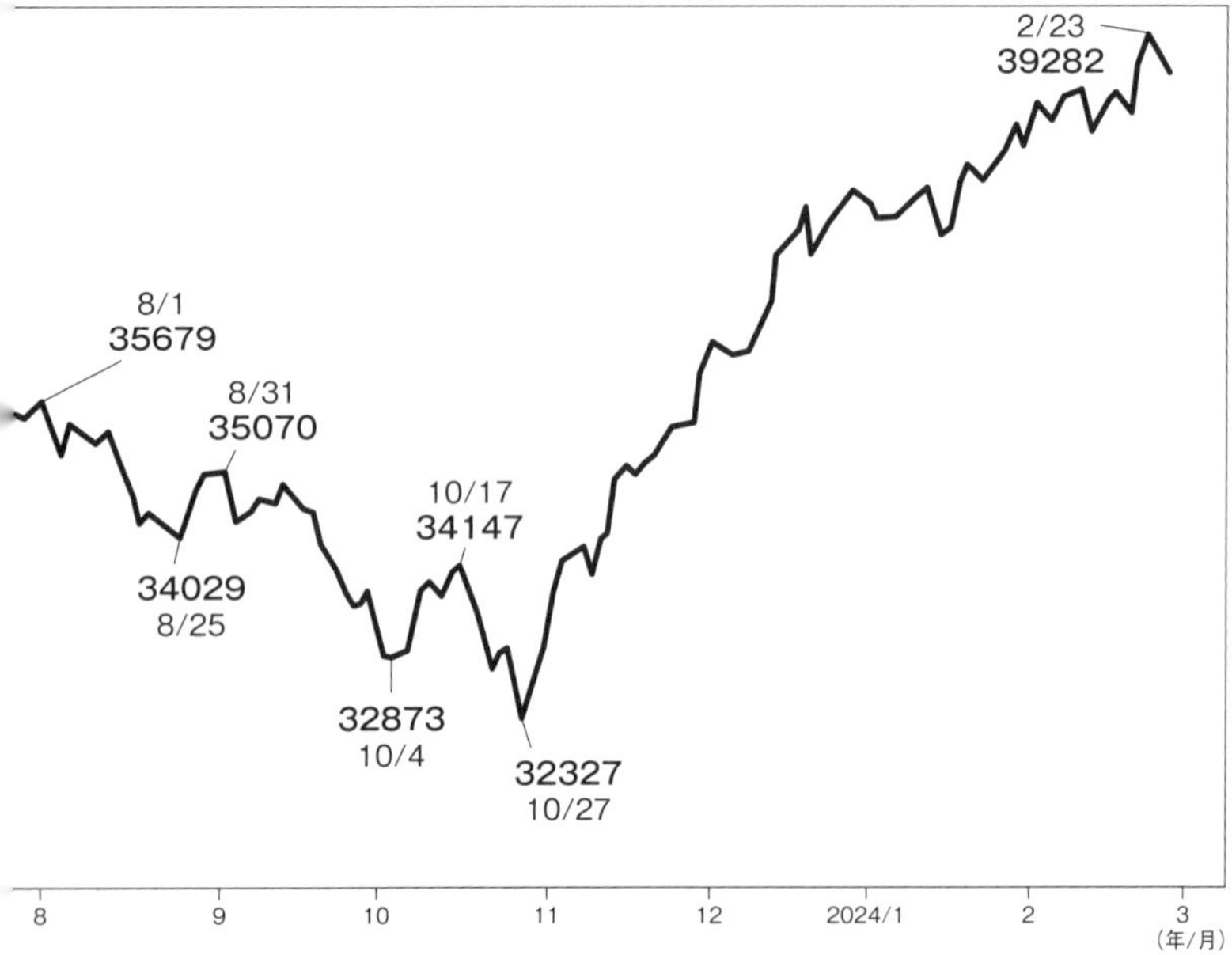
8/1
35679
8/31
35070
34029
8/25
10/17
34147
32873
10/4
32327
10/27
2/23
39282
8
9
10
11
12
2024/1
2
3
(年/月)

預貯金ではなく金融商品のかたちで保有しているからです。

日本人はリスク性資産が17%で現預金が54・7%なのに対して、アメリカ人の金融資産の比率は、現預金が12・7%に対して株式や証券・債券などのリスク性資産が54・2%となっています。まったく見事に逆になっています。なので、アメリカ人は株価が上がるとお金をたくさん使うことになるのでインフレになると

図5　ニューヨークダウの推移（短期）

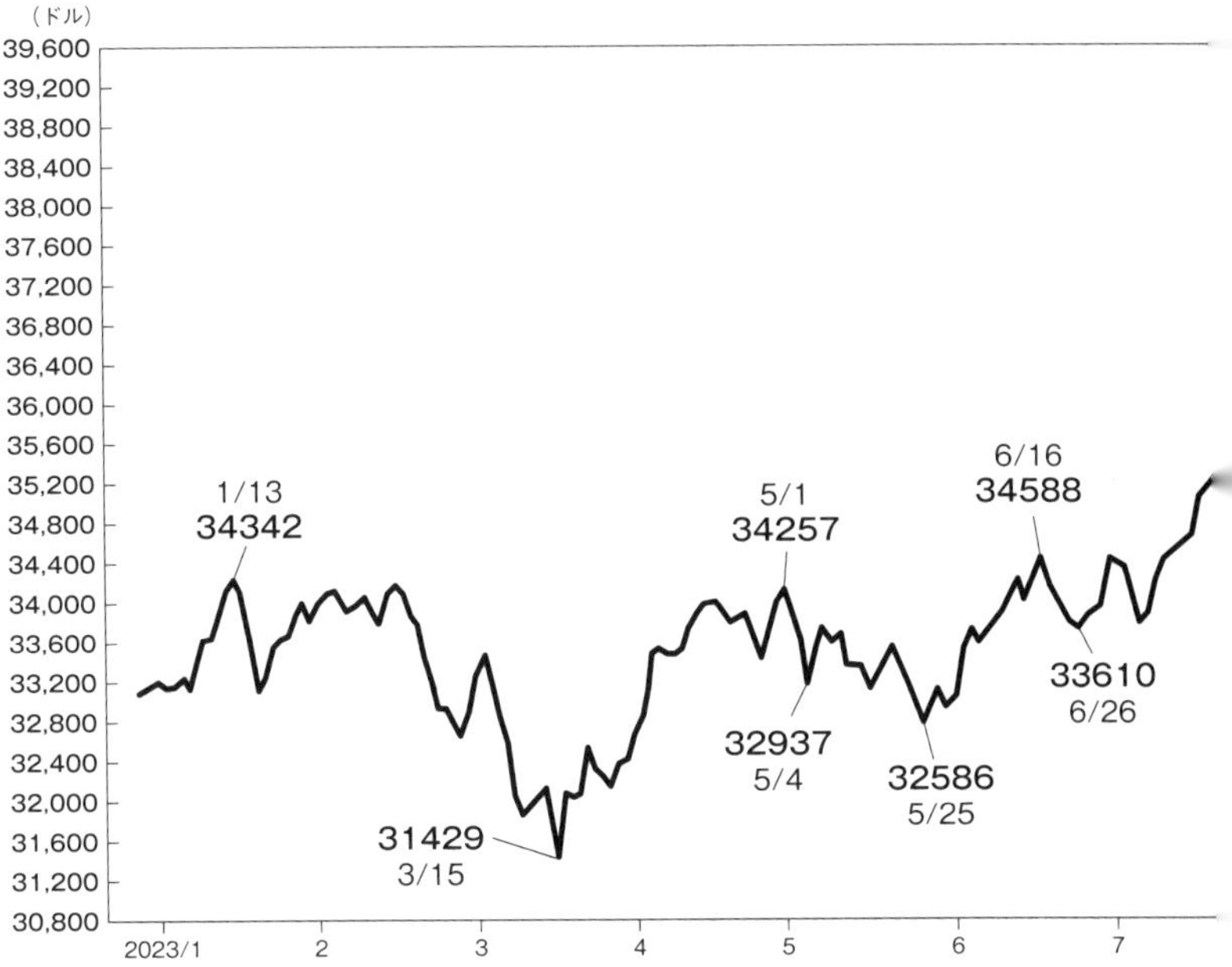

いう循環構造になっています。

　この循環に入ってしまうとＦＲＢがいくら金利を引き上げてもインフレが収まらなくなります。いまのアメリカ経済はそれに近い状況になっていて、金利を上げてもインフレがなかなか収まりません。

　市場はＦＲＢによる利下げを織り込んで動いていますが、もしＦＲＢが利上げをするとこれまでのアメリカ株上昇のパターンが一気に崩れることになります。

インフレによる金利引き上げの再燃でアメリカ株が急落する場面が、今年はあると思います。ただ、アメリカの株式市場は、1000ドル、2000ドルの急落があったとしても修正が早い。だから、いったんは下げても、すぐにまた値を戻してくるでしょう。

戦争経済が日本に有利に働いている

日本に資金が流入するもう1つの要因は、世界が戦争経済に突入していることです。

戦争は簡単に終わらなくなりつつあります。ウクライナ戦争もすでに2年以上を経過していますが、戦線は膠着して、いまはロシア軍が武器、兵員ともに優位に立っています。

しかし、ウクライナのゼレンスキー大統領は、ウクライナの国土は1ミリも渡さないという決意ですから、戦争はまだまだ終わりそうにない。加えて中東ではイスラエルとハマスによるガザ紛争がさらに広がりそうです。

では、戦争経済とは何か。世界的なインフレです。なぜなら戦争による需要がものすごく増えて、一方で工場が破壊されたり、輸送網が被害を受けたりして供給量が減ってしまうからです。

最近は、イエメンのフーシ派と言われる過激派が紅海を航行する一般船舶に向かって攻撃をしかけていて、そのために多くの輸送船がアフリカの喜望峰回りをしいられていて、石油の値段などが高止まりしています。戦争が長続きすればさらにインフレが加速します。

このインフレ加速の時代に上がるものは1に株、2に不動産、3にコモディティー（資源）です。

それでニューヨーク金市場も、いまは史上最高値。資源と名のつくものは、石油を除いて（石油は重要なエネルギー資源なので、政策的に価格が抑えられている）全部上がっている。

この戦争が日本にどういう影響を及ぼすのか。じつはウクライナ戦争を始めとする今回の状況は、第一次世界大戦のときとそっくりなのです。とりわけ日本の立ち位置は第一次世界大戦のときとほぼ同じになっています。

日本は、第一次世界大戦のときは、戦勝国側について、戦争をきっかけにして世界のトップレベルの国になったわけです。このときといまの日本は同じ状況にある。令和の時代と大正時代がほぼ同じなのです。

戦争と株価の関係を見ると、第一次世界大戦でも第二次世界大戦でも、戦争が始まってから終わるまでは株価はみな横這いでした。戦争で経済活動が破壊されるので、株価は下がりっぱなしと思う人が多いですが、株価は下がっていません。

なぜなら戦争による需要がものすごく増えて、一方で工場が破壊されたり、輸送網が被害を受けたりして供給量が減ってしまうので、インフレになるからです。そのインフレが戦争が終わった後に、一気に顕在化してきます。

なぜ戦争イコール株高なのか。需要が急増するのに供給が減るから、景気がよくなるのはあたりまえです。戦争は究極の経済対策ですから、経済はよくなるに決まっています。

第一次大戦のときも欧州が戦場になったので、戦場から遠く離れたアメリカと日本から物資がどんどん送られた。それまで世界の覇権はイギリスだったのがアメリカに移りました。今回も同じことが起ころうとしています。

第一次世界大戦で一番恩恵を受けた国は日本と米国でした。今回はそれと同じイメージになってきています。

ＥＴＦができてビットコインが復活

いま値段が上がっているのは、暗号資産のビットコインです。

暗号資産は仮想通貨とも言われるように、バーチャルな電子的なものにすぎませんが、実は実物と同じようにその総量には限界がもうけられています。そのためにある種現物と同じようにも扱えるので、戦争の時代という不安定な時代の分散投資の1つとして注目されているのでしょう。

図6にあるように、ビットコインは現物がいま日本円で966万円まで来ています。おそらく1000万円を超えてくるでしょう。ビットコインだけでなくてイーサリアムも上がってきています。

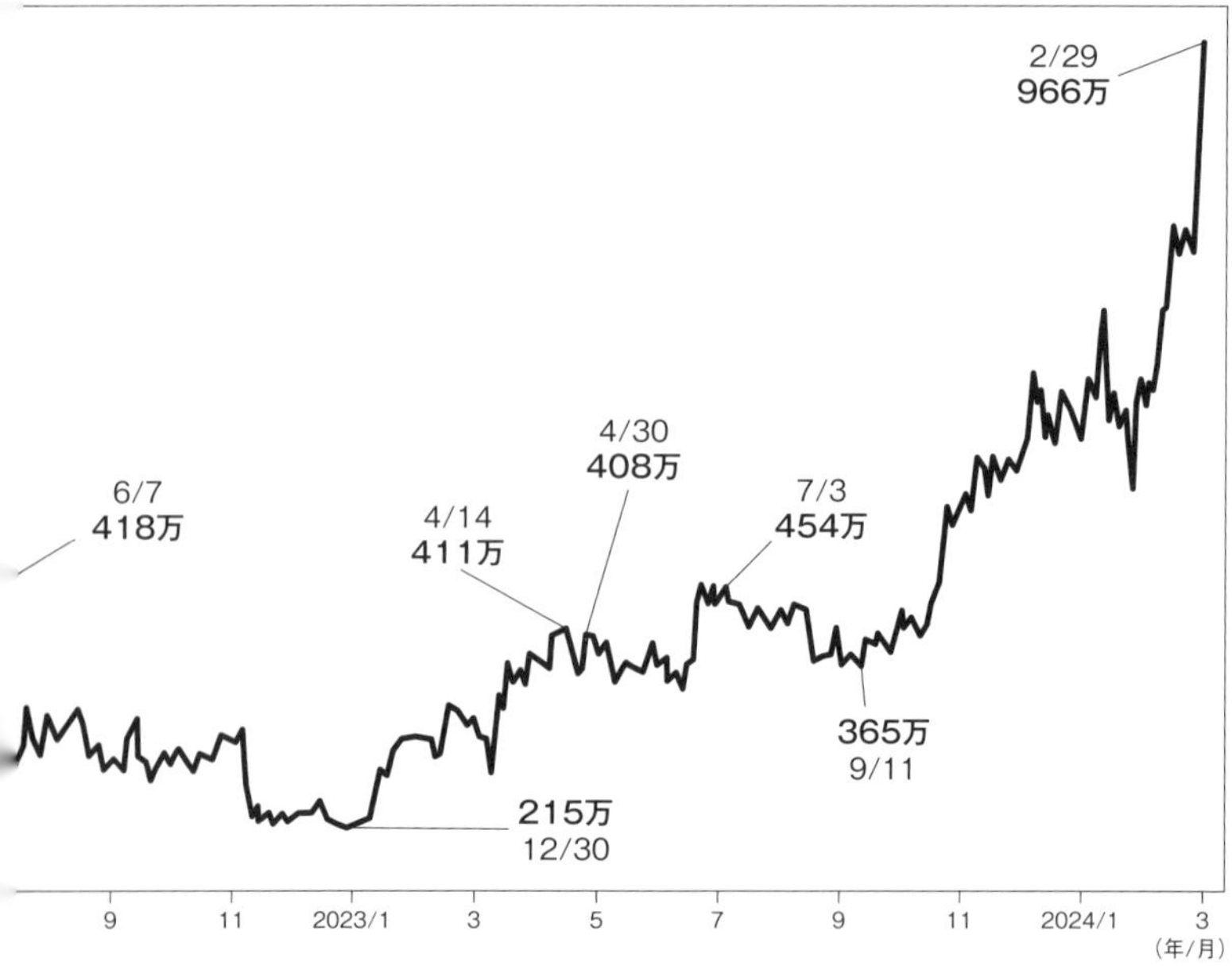
2/29
966万
6/7
418万
4/14
411万
4/30
408万
7/3
454万
365万
9/11
215万
12/30
9
11
2023/1
3
5
7
9
11
2024/1
3
（年/月）

なぜビットコインなどの暗号資産がこれほど上がってきているのか。それは暗号資産のＥＴＦ（上場投資信託）が始まったからです。

アメリカのＳＥＣ（証券取引委員会）が２０２４年１月11日にブラックロックや21シェアーズ、フィデリティ、インベスコなどのファンド大手の暗号資産ＥＴＦを承認しました。

暗号資産は投機的な動きが激しくて、とても現物で

図6　ビットコインの価格推移

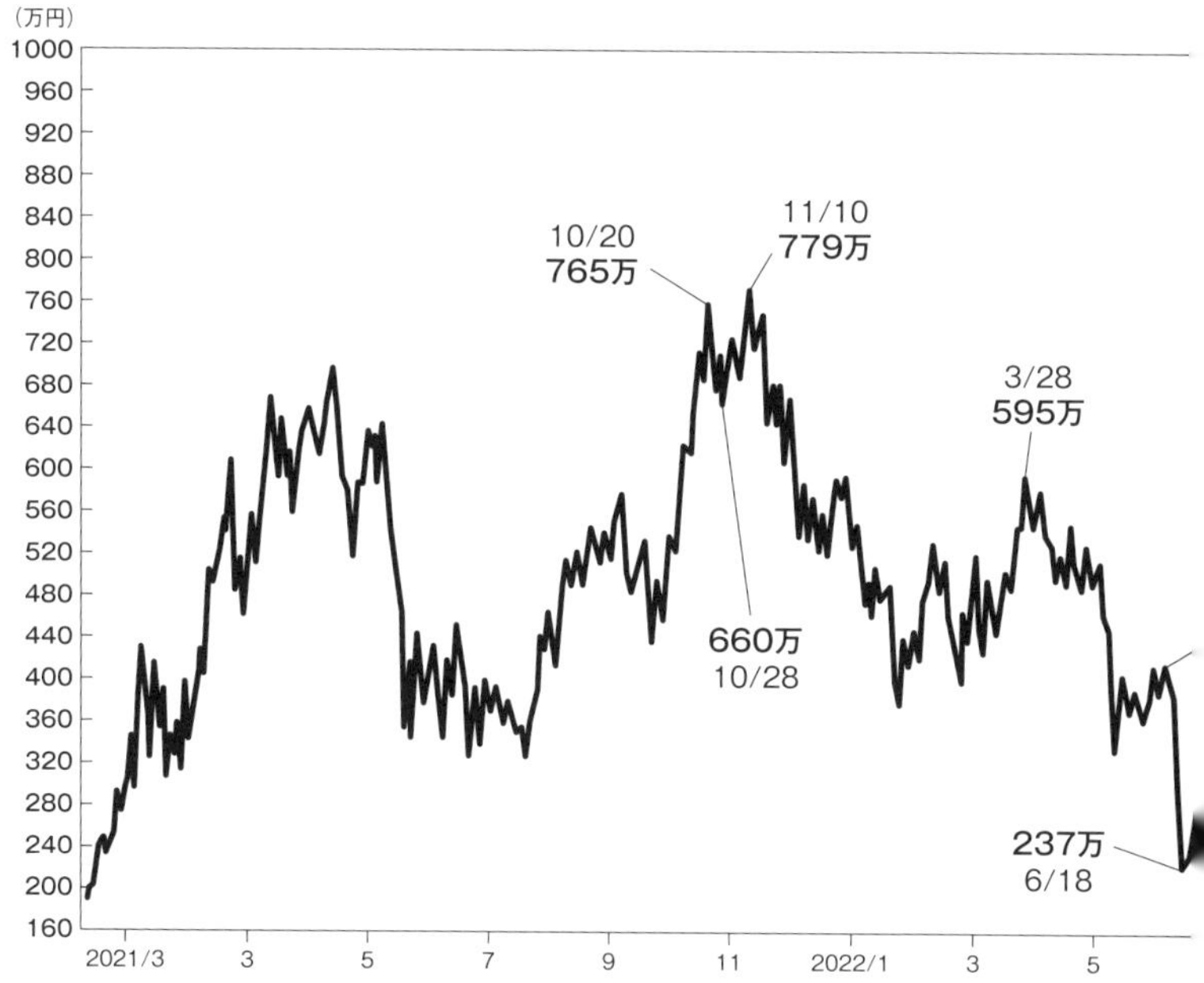
（万円）
1000
960
920
880
840
800
760
720
680
640
600
560
520
480
440
400
360
320
280
240
200
160
10/20
765万
11/10
779万
660万
10/28
3/28
595万
237万
6/18
2021/3
3
5
7
9
11
2022/1
3
5

扱うのはむずかしいのですが、ＥＴＦならば、個人でも暗号資産にアクセスすることが簡単にできるようになったわけです。そこで暗号資産のＥＴＦにものすごい資金が集まるようになって、ビットコインなどの価格が急激に上昇し始めたのです。

ただ、いまのところ日本では暗号資産のＥＴＦは認められていません。日本ではまだビットコインのＥＴ

Fは販売されていません。外資系の証券会社を通じて買っている人がいるかもしれませんが、日本人にはまだハードルが高い状況です。

眠っていた日本人の個人資産が目を覚ました

もう1つは、先にも述べたように1000兆円とも2000兆円とも言われる個人の金融資産がついに新NISAで株式市場に流入し始めています。これまで眠っていたお金が動き出しているので、これが日本の株式市場を押し上げます。

新NISAで動き出した人たちが、まず買うのはインデックスファンドです。つまり、日経225に連動するようなファンドを買う。これが日経225を押し上げます。

次には個別銘柄に向かう。個別銘柄はどういうものを買うかというと、タンス預金や郵便貯金をしていた人だから、絶対安心、絶対つぶれない企業の株を買う。

ということは、日本の超一流企業、ナショナルカンパニーを買うので、各セクターのトップの株はねらい目になってくる。
その各セクターのトップの企業で、PBRが1倍割れや低PBRで配当利回りが3％以上の高いもので、自社株買いも発表している銘柄が買われます。

実は今回の新NISAの動きでは、日本の投資家より海外投資家のほうが金額的には大きい。なぜなら海外投資家は日本の個人金融資産が市場に投入されてくることにものすごく注目しているからです。

日本のお金はこれまで何もしていませんでした。タンス預金や郵便貯金で利子がほとんどつかないお金が1000兆円ぐらいもある世界最大の金融資産です。あとの1000兆円は、非常に利回りの悪い国内投資信託や金銭信託などに入っていて利回りは全然上がっていない。
この2000兆円が利回りの高いもの、できたらキャピタルゲインのねらえそうなものにこれから入ってくる。

海外の投資家や欧米の金融機関は新ＮＩＳＡのお金を取り入れようというので、国内でいろいろな商品をいま販売し始めています。海外投資家のほうがよくわかっているのです。この海外投資家たちも、日本の個人マネーが向かうところを買うという動きになっていきます。

これがいままでの相場と全然違うところです。いまは外人買いが非常に入ってきて、外国人投資家リードの相場ですが、外国人がどういう銘柄を買っているかというと、国内の個人金融資産の２０００兆円が向かうところを先回りして買っているのです。賢い投資法です。それがいまの動きです。

だから、今回の相場での銘柄選びは比較的やさしいと言えます。しかし、ぼんやりしていると株価はすぐに上がってしまう。

たとえば、この年初から私は東京海上ホールディングスに注目していましたが、最近、この株が急騰しています。あっという間に株価がぶっ飛んでいます。こうなると、割安感がなくなってしまいます。

また、海運大手3社についても、去年2023年の年初から、脱デフレ、円安の恩恵をおおいに受ける海運に注目していました。

川崎汽船は1年前には株価2000円〜3000円で、3月配当は配当利回り10%だった。それがいまは株価が7000円です。しかも去年の配当は100円も200円もある。この3月決算も150円配当ですから、すごい。

海運はすでにこの1年間、全部上がっています。そして直近は、3月決算が近づいているから、配当取り相場がそろそろ始まっています。

だから、1年を通じて新NISA銘柄を買え、と言いたい。海外投資家も機関投資家も、日本の巨大個人マネーが向かうところに向かう。それが今回の本のテーマです。

第3章

円安が日本株の上昇を加速させる

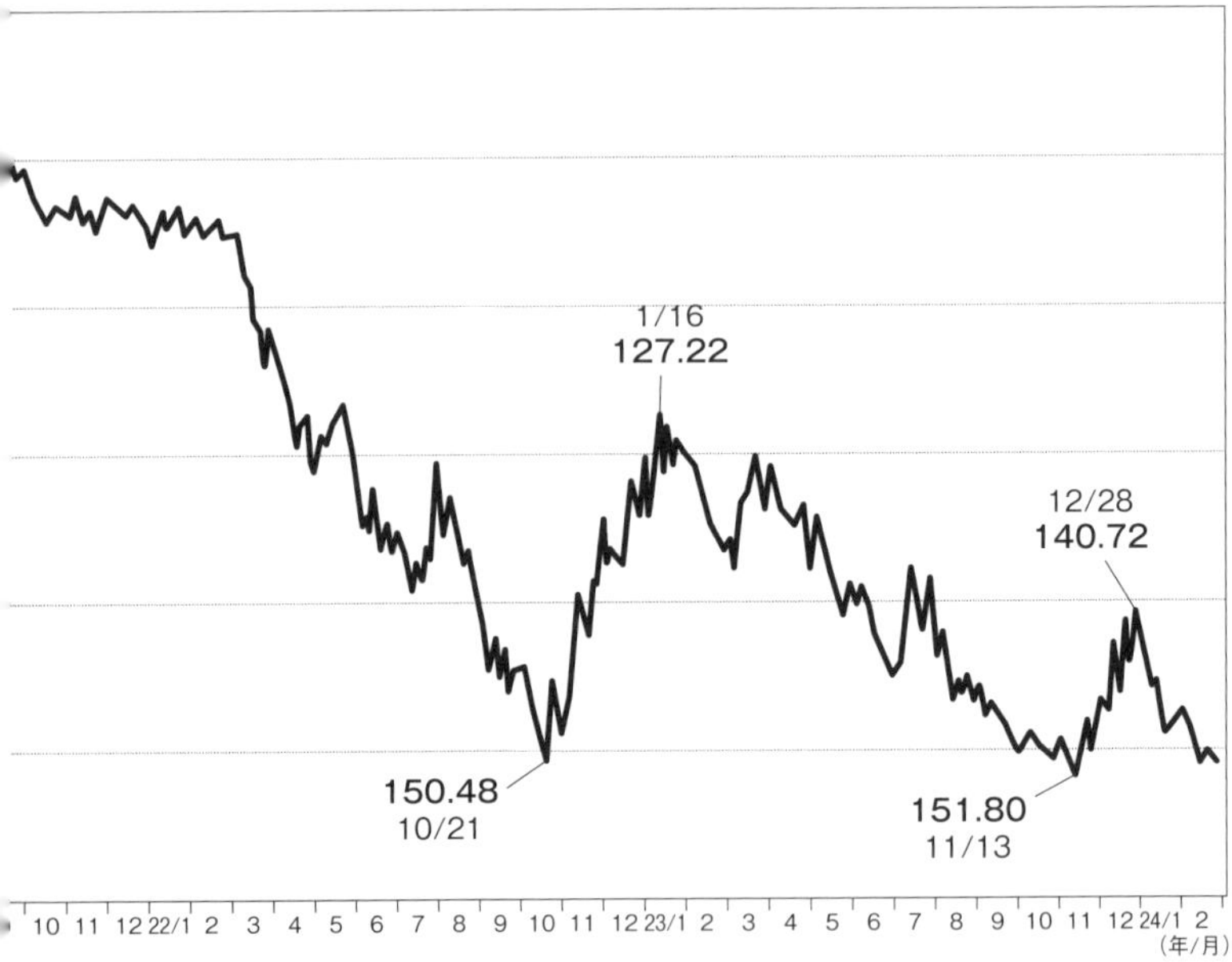
1/16
127.22
12/28
140.72
150.48
10/21
151.80
11/13
10 11 12 22/1 2 3 4 5 6 7 8 9 10 11 12 23/1 2 3 4 5 6 7 8 9 10 11 12 24/1 2
(年/月)

円ドル相場はしばらく145円前後で動く

円ドル相場もぴったり波動どおりで非常にわかりやすい。

円ドルの為替は、2023年1月16日に127円22銭でした。その後、ずっと円安で、2023年11月13日は151円80銭までの円安がありました。これがプ

図7　円ドル相場の推移（短期）

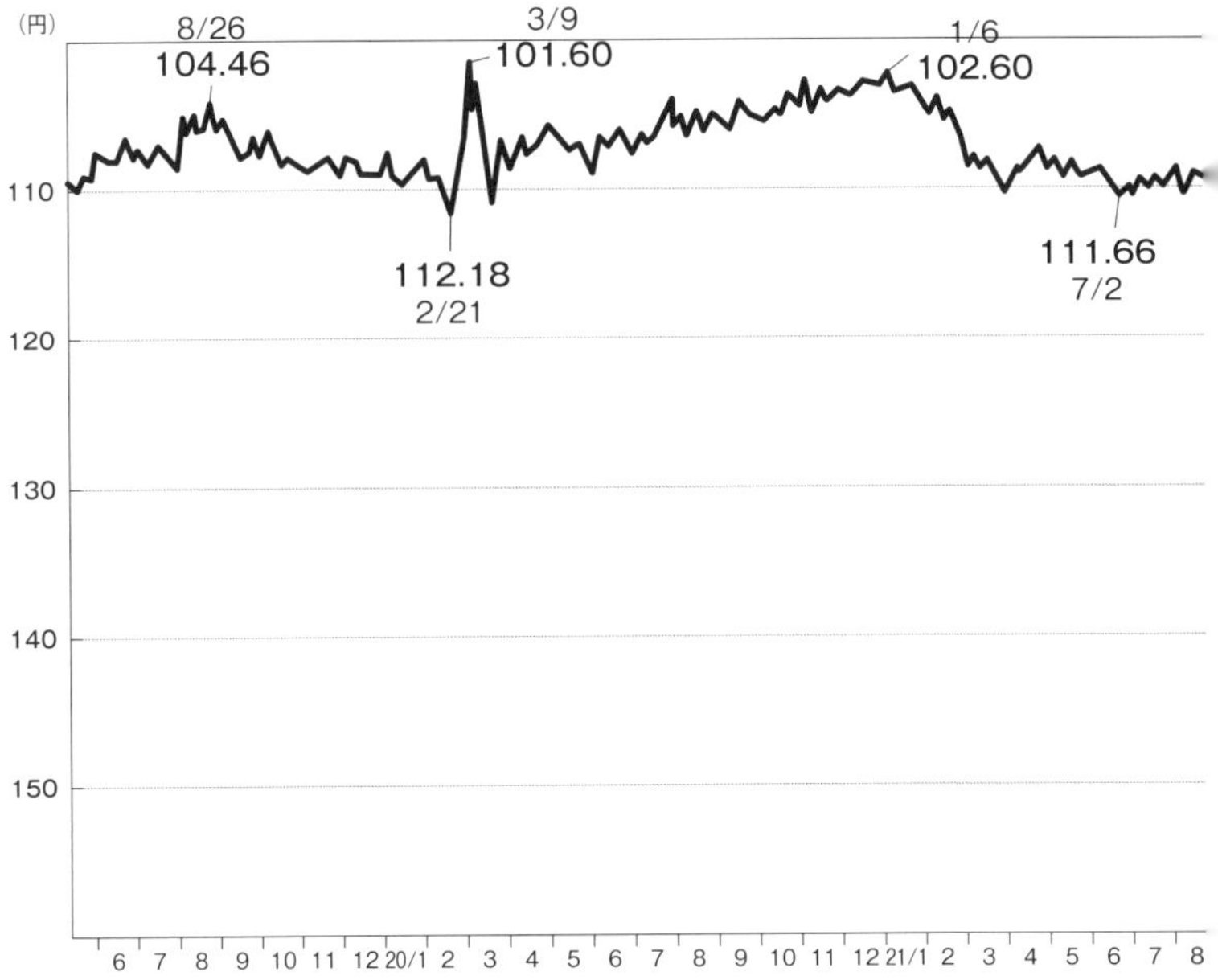

ラス24円58銭。約24～25円の円安だった。

この半値押しはどこかというと、139円50銭です。実際に日本のマーケットでは年末の12月28日に140円72銭をつけた。24～25円安で、きれいな半値押しです。約140円です。これが去年の円安の12月28日。ここからいま第二波に入っているわけです。

いまは、この150円近辺に再び来ています。ここがダブルトップとなって3月10日現在147円近辺です。野村證券のレポートでは、今年2024年の円の高値は135円と言っていますが、135円から140円ぐらいが円の高値ゾーンになる。逆に、もしダブルトップを突破したら160円、1990年の4月につけた安値になるかもしれない。波動から見ると、そういう動きになっています。

今年の為替は、基本的には140円から150円ぐらいの幅の中で、145円ぐらいのレベルの円安でしょう。そして、1年を通じて145円前後という相場が続くという見方と、もっと円高になるというのに分かれます。

新NISAにこれから参入しようという人たちは、どちらかというと日本株よりもドル建ての米国株ファンドに投資しています。円安傾向が続くということもあるから、よけいに海外に出てしまう。

とくに若い人などは日本に対する自信がないから、米国株式インデックスファンド、ニューヨークダウ連動とか、オールカントリーという世界の株式の指数に連動したドル建てファンドのほうに6割、7割が行っています。残りは円建ての日経225です。

つまり、新NISAは円売りのドル買いになっていて円安要因になっています。6円ぐらい押し下げると言われています。だから、将来、160円ぐらいの円安はあるかもしれません。

日本株にとって円安は有利

日本では、円安が悪いと言う人ばかりですが、実は日本経済と株にとって円安は有利な条件になります。いま日本の輸出企業はみんな最高益を叩き出しています。日本の製造業の多くが円安で生き返ってきているのです。だから、日本株にとっては円安のほうが有利に働いているわけです。

日銀のマイナス金利は、たぶん4月までには、やめるでしょう。そうすると円高に振れるけれども、急に円高の傾向になるというわけではない。というのは、日米の金利差が大きすぎるからです。

また、いまインフレが若干沈静化しつつあるアメリカで市場の予想どおりFRBが利下げをして、アメリカの金利が下がれば多少は円高のほうに振れるかもしれませんが、金利差はまだ十分に開いたままなので、傾向として、円高にはなかなかなりにくい。

こうしてみると為替市場は基本的に円安だと予想できます。それが150円止まりか、あるいはそれ以上の円安になるかの見きわめだけです。長いトレンドでいっても、2022年の10月に32年ぶりの150円をつけました。そこが今回の円安相場の始まりですから、まだ円安は始まったばかりです。

ドイツに抜かれてGDP世界4位は為替のまやかし

「日本はついにGDPでドイツに抜かれて世界4位だ」と新聞を始め日本のメディアは、でかでかと報道しています。

しかし、日本のGDPがドイツより小さくなっているように見えますが、実はこれは為替の問題だけなのです。実体経済とは関係ありません。円安になったので、単に数字を調整しているだけなのでほとんど意味がありません。数字上のことにすぎません。

いまドイツの経済成長率はマイナスに落ち込んでいます。日本の成長率は実質で1・9

%になっていて、日本経済はどんどんよくなっています。
実際には、日本経済には実力があって、しかも戦争経済や中国のバブル崩壊や、新冷戦によるサプライチェーンの変更など、日本に有利な条件がすべてそろってきていて、これから業績がどんどん上がっていこうとしているのです。

一般の人はそういう事情がわからないから、日本はGDP4位になって世界から劣後していく。アジアの国にも負けて、みんな貧乏になっていくイメージが膨らんでいく。そんな自虐的なニュースに振り回されています。

現状程度の円安ならば、日本はむしろ円安のメリットが大きくなっているでしょう。日本の輸出産業や製造業はウハウハで儲かってしょうがない。
先日もトヨタが37兆円という最高売上を計上しています。EV車が現状ではまだ実用的ではないというマイナス要因が出てきていて、トヨタのハイブリッド車が全世界的に爆売れしている。トヨタは、そんなに儲けるつもりがなくても儲かっている。

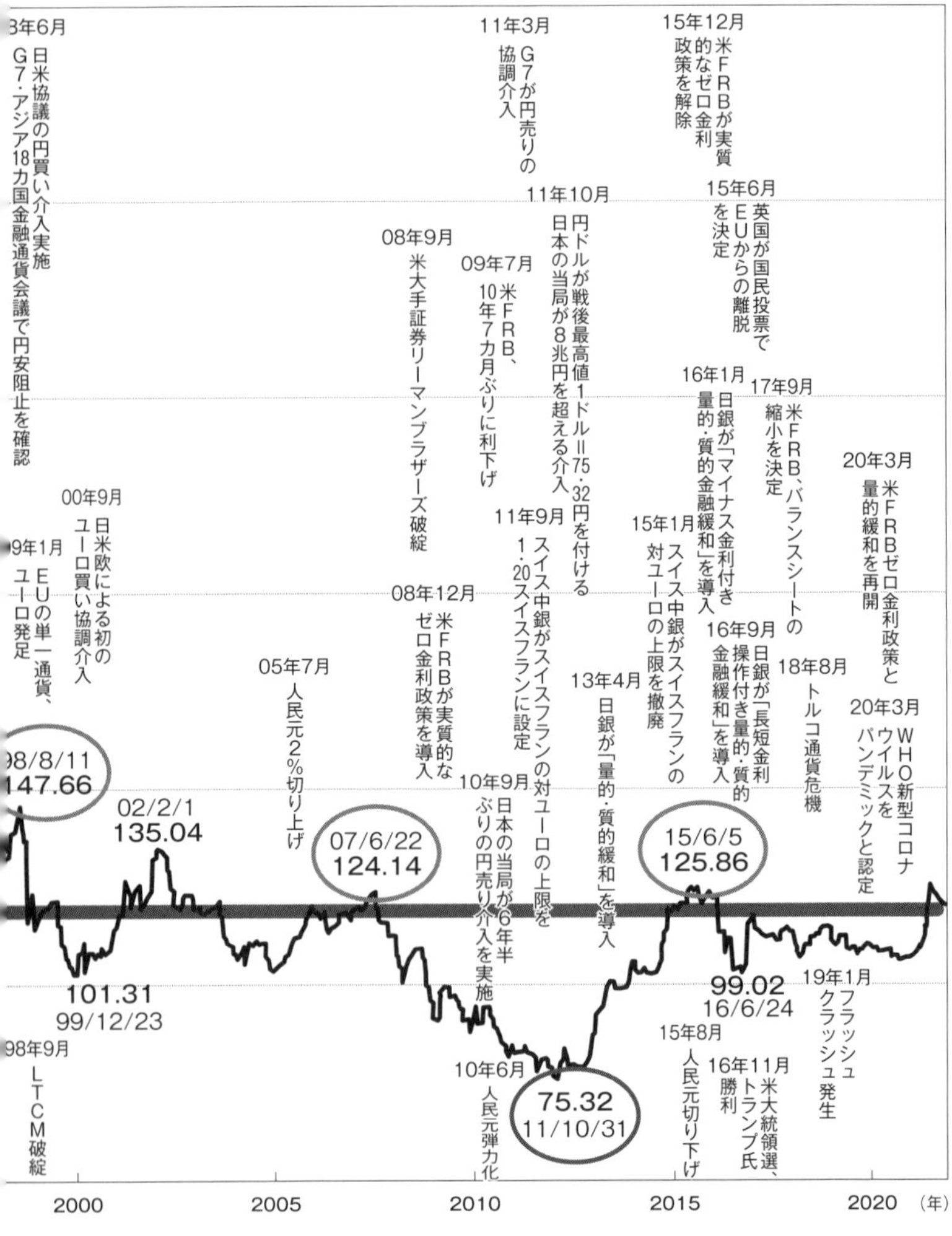

年6月
日米協議の円買い介入実施
G7・アジア18カ国金融通貨会議で円安阻止を確認
9年1月
EUの単一通貨、ユーロ発足
00年9月
日米欧による初のユーロ買い協調介入
98/8/11
147.66
02/2/1
135.04
101.31
99/12/23
98年9月
LTCM破綻
05年7月
人民元2%切り上げ
07/6/22
124.14
08年9月
米大手証券リーマンブラザーズ破綻
08年12月
米FRBが実質的なゼロ金利政策を導入
09年7月
米FRB、10年7カ月ぶりに利下げ
10年9月
日本の当局が6年半ぶりの円売り介入を実施
10年6月
人民元弾力化
11年3月
G7が円売りの協調介入
11年10月
円ドルが戦後最高値1ドル＝75・32円を付ける
日本の当局が8兆円を超える介入
11年9月
スイス中銀がスイスフランの対ユーロの上限を1・20スイスフランに設定
75.32
11/10/31
13年4月
日銀が「量的・質的緩和」を導入
15年12月
米FRBが実質的なゼロ金利政策を解除
15年6月
英国が国民投票でEUからの離脱を決定
15年1月
スイス中銀がスイスフランの対ユーロの上限を撤廃
16年1月
日銀が「マイナス金利付き量的・質的金融緩和」を導入
16年9月
日銀が「長短金利操作付き量的・質的金融緩和」を導入
15/6/5
125.86
99.02
16/6/24
15年8月
人民元切り下げ
16年11月
米大統領選、トランプ氏勝利
17年9月
米FRB、バランスシートの縮小を決定
18年8月
トルコ通貨危機
19年1月
フラッシュクラッシュ発生
20年3月
米FRBゼロ金利政策と量的緩和を再開
20年3月
WHO新型コロナウイルスをパンデミックと認定
2000
2005
2010
2015
2020
（年）

図8　長期の円ドルの為替推移

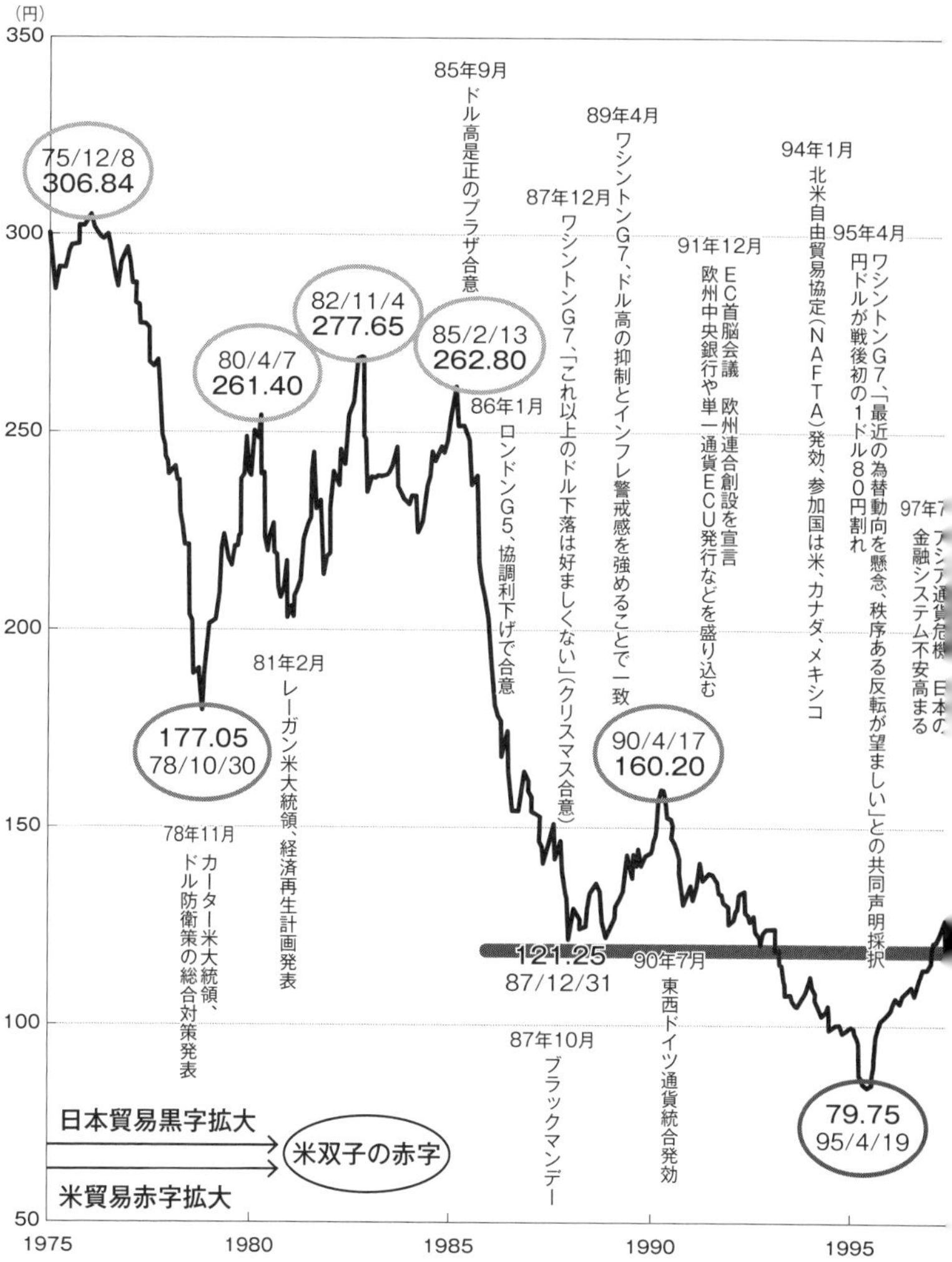

（円）
350
300
250
200
150
100
50
1975
1980
1985
1990
1995
75/12/8
306.84
177.05
78/10/30
80/4/7
261.40
82/11/4
277.65
85/2/13
262.80
121.25
87/12/31
90/4/17
160.20
79.75
95/4/19
78年11月
カーター米大統領、ドル防衛策の総合対策発表
81年2月
レーガン米大統領、経済再生計画発表
85年9月
ドル高是正のプラザ合意
86年1月
ロンドンG5、協調利下げで合意
87年10月
ブラックマンデー
87年12月
ワシントンG7、「これ以上のドル下落は好ましくない」（クリスマス合意）
89年4月
ワシントンG7、ドル高の抑制とインフレ警戒感を強めることで一致
90年7月
東西ドイツ通貨統合発効
91年12月
EC首脳会議　欧州連合創設を宣言
欧州中央銀行や単一通貨ECU発行などを盛り込む
94年1月
北米自由貿易協定（NAFTA）発効、参加国は米、カナダ、メキシコ
95年4月
円ドルが戦後初の1ドル80円割れ
ワシントンG7、「最近の為替動向を懸念、秩序ある反転が望ましい」との共同声明採択
日本貿易黒字拡大
米貿易赤字拡大
米双子の赤字

海運もすごく儲かっています。ものすごい配当が出ています。

日本郵船は、1回目の円安相場では、1000円配当でした。1000円はすごい。1000株持っていたら100万円の配当です。そのときの株価は2000円〜3000円ですから。

日本の政権が弱いときに円高になる

長期的に見れば、為替は110円〜120円の幅で安定している期間が長かった。おそらくこの時代は日米の政策協調がうまくいっていたからでしょう。

日米がぎくしゃくすると70円台くらいの円高になりました。自社さ連立政権で村山富市総理時代の1995年と民主党政権時代の2011年です。

これだけの円高になると日本経済が首を絞められるようなものです。日本の製造業は全部、だめになってしまう。

2011年の円高のときは、民主党が無能で対米交渉がまるで何もできなかったので、ものすごい円高になってしまった。政権が無能だとこういうふうになることは国民としてしっかり理解しておかないといけません。

いまのバイデン政権のアメリカは、ドル高を望んでいる。なぜかというと、世界のマネーを集めないとアメリカ政府の財政がうまくいかないからです。世界からマネーを集めて、アメリカの国債を買ってもらわないことにはウクライナ支援もできない。

なので、日本は低金利に置いておいて、日本のお金がアメリカの国債を買ってくれるように誘導している。ということは、絶対に円安になる。円安にする限り、日本から円は、ドルに行くことになるからです。だから、今度の新ＮＩＳＡも４割か５割は、ドル建てのインデックスファンドなどに行っています。

お金の還流というのは、きわめて国際政治的な動きですが、実際にはこうした政治の力学が働いていて、実は日本の金融政策がそれによってずいぶん誘導されている部分がありま す。いまの円安の流れもそういう政治的な力学を理解しないとわからない部分がたくさんあります。

第4章

いまなぜ中国から お金が逃げ出しているのか

中国の不動産バブルを習近平がつぶしている

中国で不動産大手の恒大グループや碧桂園などが相次いで経営危機に陥り、不動産バブルの崩壊が始まっています。では、なぜ中国でいま不動産バブルが崩壊しつつあるのでしょうか。

そもそも中国の不動産投資が活発になったのは、2009年に前年のリーマン・ショックを受けて、中国政府が大規模な財政投資に踏み切ったからでした。その金額は4兆元（当時の為替で約56兆円）という巨額なものでした。しかし、その4兆元は中国共産党の中央政府が拠出したわけではありません。ほとんどが地方政府に財政支出をさせました。そのための梃子《てこ》にしたのが、土地の利用権でした。

中国では土地は政府のもので、個人が所有することはできません。だからその土地の使用権を売買させることにした。地方政府は不動産開発をして、巨大な団地やマンションをあちこちに建設して中国国民に買わせるように仕向けたのです。

不動産業者は、地方政府から土地の使用権を購入して、建設用地を確保します。そしてマンションを建設・販売してきました。これまで不動産価格は上昇を続けてきたため、業者は用地の確保のために巨額の借金をしても、それを返済したうえで利益をあげることができました。土地使用権の売却で巨額の収入が地方政府に入りました。

日本でもあった土地神話に近い話が中国にもありました。それは最後は共産党政府が救済してくれるという安心感が中国の国民にあったからです。これは中国共産党にとっては、無から有をつくる魔法のような政策でした。

これはまさしくバブルそのものだったのですが、そのバブルのおかげで中国経済は飛躍的に発展していきました。4兆元の財政出動をした2009年の翌年2010年には、中国のGDPは日本を抜いて世界第2位の経済大国となり、その後も経済成長を続けていきました。

じつはバブルこそが経済成長の原動力なのです。バブルは経済が成長した証しです。問題はバブルが行き過ぎたときに金融政策を間違ったらバブル崩壊になるから、崩壊させなければいいだけです。

1990年に日本がバブルを崩壊させてしまったのは、日銀の三重野康総裁が金融引き締めという、急速な利上げ政策をしたからです。当時は財務省ではなくて大蔵省でしたが、大蔵省も不動産取引の総量規制をやって不動産市場を崩壊させ、一気にバブルつぶしをやってしまった。

中国は、日本のバブル崩壊を十分に研究してきたと言われていましたが、実際はまったく日本に学んでいないとしか言いようがありません。なぜなら習近平政権は、いままさにこの日本のバブルつぶしと同じような政策を実行しつつあるからです。

中国の不動産の高騰は、貧富の格差を拡大し、人々の不満を生むことになりました。とりわけ、北京や上海、広州といった大都市では、価格が平均年収の数十倍にも高騰してしまいました。

習近平政権は、住宅を投機の対象から住むためのものに戻さなければならないとして、投機的なマンションの購入を抑えるため、保有する土地の利用権と建物を対象とした、不動産税を初めて試験的に導入する方針を打ち出しました。

しかし、習近平政権のこの政策は、バブルつぶし以外の何ものでもありません。


不動産価格の値下がりは、もちろん不動産業者の経営を圧迫して、不動産会社の破綻を誘発することになりますが、それ以上に地方政府の財政を棄損させる要因になります。

それまで不動産から潤沢な資金を得ていた地方政府は、逆に負債を積み上げる構造になってしまっているのです。その負債の総額は、一説には1800兆円にものぼると言われています。その象徴が、誰も住まない廃墟のような鬼城とよばれるマンション群の存在です。

これだけの負債を地方政府が抱えてしまえば、インフラ整備が行えなくなるどころか、地方政府のデフォルトがいつ起こってもおかしくない状況です。中国の住宅政策の歪みがついに臨界点に達して、巨大な不動産バブルがいま崩壊しつつあるわけです。

中国は最先端技術のサプライチェーンからはずされた

中国が直面しているのは、不動産バブルの崩壊だけではありません。鄧小平が改革開放政策を始めて、中国がきわめて短期間に経済大国になったのは、外資が潤沢に流入していたからです。しかし不動産バブルが崩壊すれば、外資は最初に逃げ出します。

さらに、習近平政権は、反スパイ法を厳しくするなどして、外資の流入を疎外するような政策を推進しています。

加えて、米中が新冷戦の時代に突入して、とりわけ最先端技術が中国に流入するのをアメリカは規制するようになりました。そのかわりに日本に半導体工場をつくってサプライチェーンを変更しようとしています。これも日本に資金が集まる大きな要素になっています。

いまは生成ＡＩが革命を起こそうとしています。人間より優れた知性をもったＡＩが産業や生活のなかにどんどん入ってきて、生産性や利便性が飛躍的に向上していくと考えられています。そのための基礎技術を蓄えてきた日本の技術力が再評価されています。

ＡＩを利用するには、膨大な半導体が必要になる。そのための製造装置の６割近くのシェアを日本のメーカーが握っています。最先端の半導体製造には日本の存在が欠かせないのです。

中国にももちろん高度なＡＩ技術はあります。しかし冷戦のために中国からＡＩを輸入することは不可能です。中国のＡＩは西側とは分断されていくことになるでしょう。中国は不動産バブルの崩壊に加えて、先端技術でも西側のサプライチェーンから切り離されようとしています。これでは海外の資金が逃げ出すに決まっています。

経済はバブルごとに大きくなっていく

日本が陥ったバブル崩壊と同じ道をいま中国は驀進しています。バブルを急速に引き締めたり、利上げしたりしたらバブルは崩壊する。それはあたりまえです。マネーが膨張したのをぎゅっと締めるわけだから、経済が一気に縮小してしまい、デフレ経済に突入してしまいます。

しかしバブルが膨張したときに、ソフトランディングさせるようにすればいいというのがいまの欧米の経済学の常識になりつつあります。

アメリカの金融当局は、リーマン・ショックを大規模な金融緩和で乗り切って、バブルが崩壊したあとの経済立て直しに成功しています。

大恐慌が起きたときにどういう経済政策が可能なのかを研究したのが、じつはいまの経済学の基本です。

２００８年9月に起きたリーマン・ショックでも、アメリカは即座にＱＥ（クォンティタティブ・イージング）と呼ばれた大規模な量的緩和政策に踏み切って、その後も3回にわたって1兆ドル規模の金融緩和をすることで乗り切った。アメリカは実際に思い切った金融政策でバブル崩壊を克服できることを証明したわけです。

ところが、アメリカより先に大規模なバブル崩壊にみまわれた日本は、そうしたアメリカの経済学から少しも学んでいなくて、間違った政策あるいは小出しの政策をしてきたことで、いつまでたってもデフレ経済から脱却することができないまま30年もたってしまいました。なので日本の大デフレ不況は、当時の政府や日銀の誤った政策による政策不況です。

日本も第2次安倍政権でアベノミクスが始まり、2013年4月から黒田東彦日銀総裁が異次元の金融緩和を始めましたが、せっかく金融緩和の効果が出て、デフレ脱却寸前までいったのに、民主党政権の時代に民主党、自民党、公明党の3党合意で消費税増税を決めていたために、2014年に、予定どおりそれまでの5%から8%への消費税増税をやってしまった。そのために景気が腰折れしてしまいました。

大規模な金融緩和を思い切って安倍首相がやったにもかかわらず、2度にわたる消費増税でそれを台無しにしてしまい、そのために失われた20年がさらに延びて30年もの長期デフレになってしまったのです。

安倍首相は消費税増税が景気に致命傷を与えることを理解していたので、増税時期をできるかぎりあとまわしにして経済再建に注力していましたが、ついに財務省の増税圧力に負けて2019年にはさらに消費税を2%上げて10%にしてしまった。このあと2020

年からはコロナのパンデミックが始まったので、その陰にかくれていますが、結局はこの増税が日本経済のデフレ脱却を不可能にしてしまったのです。

結局、財務省を中心に日本の官僚や学者たちは株も買ったことがない人ばかりだから、生きた経済がわかっていなかったということです。同じことが、いまの中国の習近平政権にも言えます。

経済通だった李克強前首相は、再任されず引退したあと最近亡くなってしまいました。対米交渉を一手に引き受けていた劉鶴副首相も退任してしまっています。後任の何立峰《かりつほう》副首相の力量は未知数です。中国の中央銀行である中国人民銀行の総裁も易綱《えきこう》総裁から人民銀行の共産党委員会書記を務める潘功勝《はんこうしょう》氏に代わりました。

いずれにしてもこれまでの経済のかじ取りをしてきた経済専門家がほとんどいなくなり、習近平主席の側近たちがまわりを固めるという体制で、これでは習近平主席は保身できるかもしれませんが、中国の厳しい経済情勢を改善できるとはとても思えません。

おそらく中国は不動産バブルの崩壊から、急速にデフレ経済に移行していくことになるでしょう。

第5章

世界経済を大きく変える波乱要因はあるか

ナスダックが最高値更新したことで相場の大局観が変わった

「異市場間のダイバージェンシー」という法則があります。

ナスダックとニューヨークダウの2つの市場間で矛盾が生じていると、つまり、片方が上がっているのに片方が上がっていないという齟齬《そご》が生じると、大暴落する可能性が高い。逆に矛盾なくどちらの市場でも最高値を更新すれば相場は大暴騰するという法則です。

この観点からすると、ニューヨークダウは最高値を更新していますが、ナスダックは2021年11月の高値をなかなか奪回できていなかったために暴落の可能性が高かったわけです。

ナスダックの株価が上がりにくくなっていた理由は2つです。

1つは、いま上がっている銘柄がマグニフィセント・セブン（アルファベット、アマゾン、メタ・プラットフォームズ、アップル、マイクロソフトの巨大IT5銘柄に、テスラとエヌビディアを加えた、時価総額最大規模の7銘柄）と言われている7つの銘柄しか上がっていない。だから、ナスダックの指数は全体として上がりにくいわけです。

もう1つは、ニューヨークダウが上がっている一番の大きな理由は、アメリカの大企業の業績がものすごくいいからです。個人の消費も伸びている。それはバイデンの財政バラまきに加えて、戦争特需もあって、大企業ほど業績が非常にいい。さらにアメリカの好調な大企業は自社株買いをものすごく積極的にやっているので、ニューヨークダウのほうが上がりやすい構造になっていたわけです。

ところが、ナスダックに上場している企業は技術力だけが勝負で、イノベーションに資源を集中しなければならないので、自社株買いをやる余力がないのです。

この巨大テック企業7銘柄を「マグニフィセント・セブン」と名付けたアナリストのジェフリー・キャンピオン氏が２０２４年は、それぞれの銘柄が運命の分岐点に差しかかっており、もしかしたらその栄華の時代が終わる可能性があるとコメントしていました。

もしこのままナスダックが最高値を更新しないときは、もしかするとこの「異市場間の

11/22
16057
8/16
13102
10649
10/13
7/19
14358
12595
10/26
2/29
16091
11 12 22/1 2 3 4 5 6 7 8 9 10 11 12 23/1 2 3 4 5 6 7 8 9 10 11 12 24/1 2
(年/月)

ダイバージェンシー」の問題で株式市場が暴落する可能性があるという懸念があったわけですが、ようやくこの2月29日にナスダック総合は反発し、前日比０・９％高の１万６０９１で取引を終えて史上最高値を更新しました。

同時にＳ＆Ｐ５００種株価指数も０・５％高の５０９６をつけて、史上最高値を更新しています。ニューヨークダウも史上最高値近くにつけており、アメリカ

図9　ナスダック指数の推移（短期）

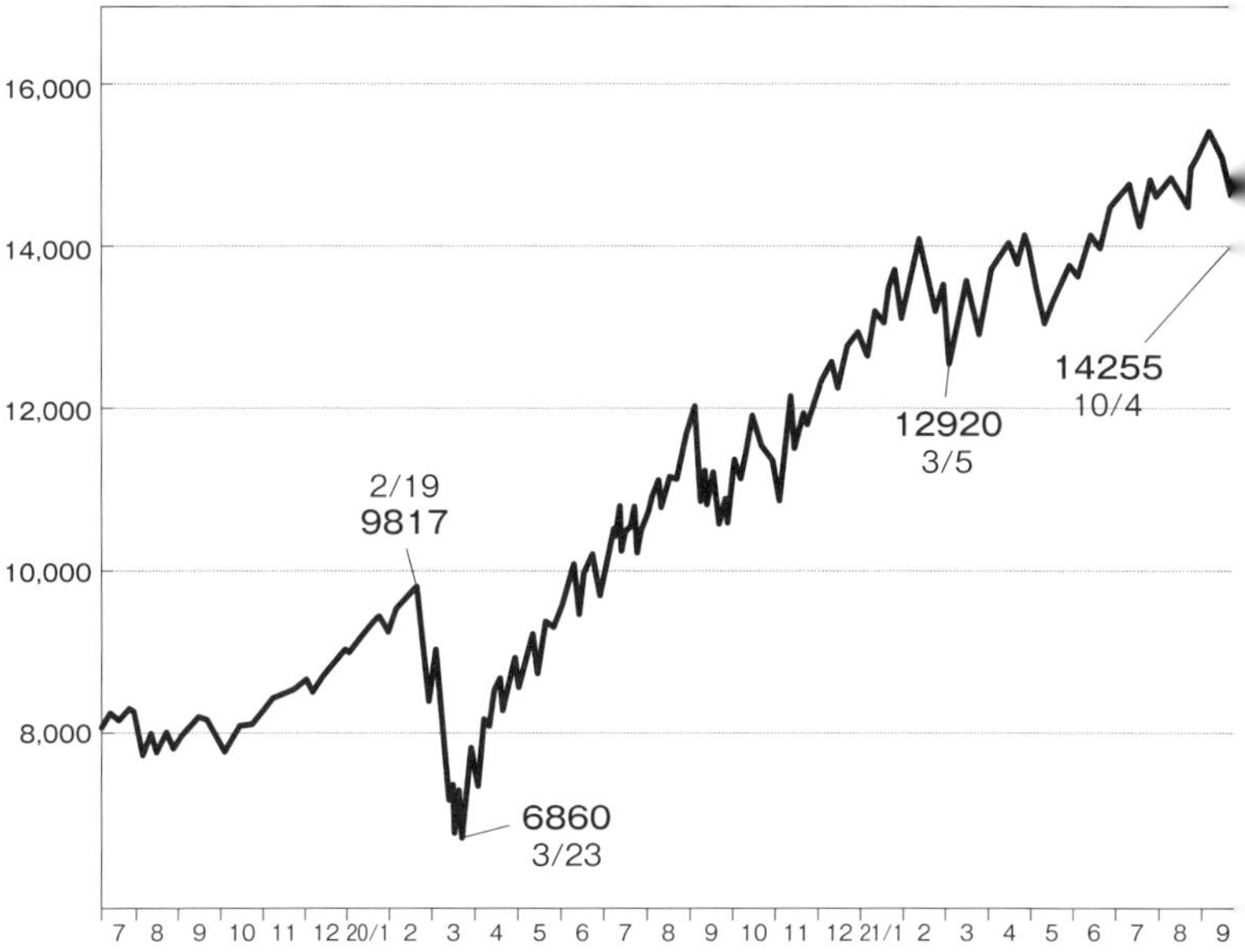

株は史上空前の上昇波動にあります。

ちなみに、マグニフィセントセブンは1960年公開のアメリカ映画『荒野の七人』のタイトルですが、この映画の元になったのが1954年公開の黒澤明監督の『七人の侍』でした。

じつはこの『七人の侍』になぞらえて、ゴールドマンサックス証券が日本版マグニフィセントセブンのセブンサムライ銘柄を最近公開しています。

具体的にいうと、ＳＣＲＥＥＮホールディングス、アドバンテスト、ディスコ、東京エレクトロンの半導体製造装置メーカー4社と、トヨタ自動車、ＳＵＢＡＲＵ、三菱商事の大手3社の7銘柄です。

マグニフィセントセブンは、いまや約12兆ドル（約１８００兆円）と、東証上場企業全体の2倍という超大型銘柄に成長していますが、本家のセブンサムライがどこまでアメリカ版のマグニフィセントセブンに追いつくことができるのか、しばし見ものだといっていいでしょう。

アメリカの金融当局はバイデン再選が至上命題

アメリカ株については、大きな波乱要因は大統領選に関わる問題です。

アメリカの金融当局は、アメリカ株を暴落させるわけにはいきません。なぜなら今年２０２４年の11月には大統領選挙があるからです。

現在のバイデン大統領を再選させることがいまのアメリカ民主党の最優先課題であり、そのためにイエレン財務長官とパウエルＦＲＢ議長は、大統領選でバイデンが有利になることを最大の目的として経済運営をやっている。だから彼らの経済運営の第１目標は、株バブルを崩壊させないということです。２０２４年11月５日の大統領選挙までは、彼らは株の暴落を起こしてはならないわけです。

当初は、利上げのタイミングを誤って、インフレが止まらなくなってしまった。インフレ率が９％といえば、もう危険シグナルです。長期金利が７％以上になったら、インフレの赤信号が点滅する。いまのアメリカは景気が過熱して、インフレ率が高騰していたので、急激に金利をあげてインフレを抑えているわけです。

アメリカのＦＲＢは短期金利を、５・５％～５・75％まで上げてきました。しかし金利を上げすぎると今度は株が暴落してしまいます。そこで、株式市場をにらみながら巧妙にコントロールしてアメリカ経済をもたせているという綱渡り的な状況です。

世界の中央銀行は２ないし３％程度の金利水準を目指しています。

アメリカのジャネット・イエレン財務長官もジェローム・パウエルFRB議長も、同様に2ないし3%のインフレ水準を目指している。

継続的に2%の安定的なインフレの状態になるようにするには、金利を下げるにはまだちょっと早い。FRBは、まだ安定的に2%成長でいくかどうかわからないからと言って、利上げはしないが、金利を下げるまではしないという判断のようです。

ところが、市場はすでに3回分ぐらいの利下げを読み込んでしまっていたので、アメリカの株はがんがん上がった。そして日本と同様にニューヨーク株は最高値を更新していま す。

11月5日の米国大統領選挙でバイデン大統領が勝つか、トランプ前大統領が勝つか。どちらになってもリスクはある。しかしトランプのほうがリスクは大きいと思います。トランプだったら気をつけましょうということになるので、10月くらいには株式市場も混乱してくる恐れがあります。

日銀の金融政策が株価にどう影響するか

日本株についての不安要因としてあげられるのは、日銀の金融政策の行方です。日銀が政策をあやまたずに金融緩和を継続することがまず第一です。

いままでの動きを見ていると、植田和男日銀総裁は優秀だと私は思います。植田総裁は経済学者で、官僚ではないから、前回、バブルつぶしをやった三重野総裁のようなばかなことはしないでしょう。

ただ日銀は、おそらくYCC（イールド・カーブ・コントロール）政策はやめるでしょうし、マイナス金利もやめる方向で検討しているようです。

じつは、昨年末にも日銀出身の内田真一副総裁などは、YCCはもちろんマイナス金利の解消もやろうとしていたようですが、土壇場でやめたという話が伝わっています。

ただやるやらないの問題ではもはやなくて、いつやるかの問題になっていて、おそらく比較的早期にマイナス金利の解消は実現してくるものと思われます。

マイナス金利をやめるのは本来金利がマイナスだったものをゼロにするだけですから、

利上げというようなものではないのですが、やはり利上げと同様の効果を市場には与えるはずです。それでも現状の経済状況ならば、株式相場の暴落などというような深刻な影響は与えないと予想します。

1～2％ぐらいの金利ならば、株バブルでいくら株価が上がっても問題はありません。健全な上げだからです。いま日本が目指しているのもこの水準の金利です。

岸田政権は支持率最低でもやることはちゃんとやっている

日本の政治状況がいまは不安定で、岸田さんが安定的に政権運営をちゃんとやってくれるかどうかは若干の不安要因です。

パーティー券の還流問題で、自民党への信頼は地に落ちてしまいました。岸田政権の支持率も最低ラインの30％を切って20％そこそこのレベルにまで落ち込んでいます。

今回の問題では自民党の派閥が政治資金規正法に違反するような行為を長年にわたって

続けてきたことが問題とされ、派閥解消の動きが出てきました。

そこで、岸田首相は、だれにも相談せずに突然自らの派閥である岸田派を解散すると宣言しました。このために、自民党内で派閥解消の動きが進み、なかでも一番割を食ったのは茂木敏光幹事長でした。茂木さんの派閥である平成研究会から、まず小渕優子さんが離反して、青木幹雄さんの息子の青木一彦さんがまた派閥から退会する動きが続くなどして、弱体化してしまうことになりました。

岸田首相が自ら派閥を解消したことで、自民党の派閥は麻生派を除いて、ほぼなくなったに等しい状況になりました。麻生派はまだ残っていますが、麻生派はもともと宏池会ですから、いわば全体が大宏池会になったような話です。

これは窮余の一策だったのか、それとも練りに練った秘策だったのか、どちらなのかわかりませんが、結果としては岸田首相が、これまで派閥が持っていた人事権を全部取り上げたかたちになり、岸田首相が一番力を持つことになっています。

岸田さんはとてつもない幸運な男なのか、とてつもない天才的な頭脳を持っているのか。

岸田さんは、追いつめられるととてつもない決断を軽々とやってのける力があります。これには驚かされます。

もうひとつ驚くことは、岸田首相の政策実行能力です。キャッチフレーズは「新しい資本主義」にしても「異次元の少子化対策」にしても、きれいな言葉ですが、いまひとつ実効性に乏しいように見えますが、実際には、きわめて有効な政策を打ち出してきています。

さらに、経済政策では、個人の金融資産を「貯蓄から投資へ」とシフトさせることを通じて、投資から得られる所得、いわゆる資産所得を大幅に増加させる「資産所得倍増計画」を掲げました。その具体策として出てきたのが、新NISAであり、顧客本位の業務運営強化などの政策でした。これがいま世界中から評価されて、日本へとマネーを誘導する強力なツールとして機能し始めているのです。

さらに安全保障分野でも、これまでだったらとてもできそうになかった、「国家安全保障戦略」「国家防衛戦略」「防衛力整備計画」の3文書で構成される安保3法を早々と閣議決定し、いままで日本が専守防衛の立場から認めてこなかった反撃能力の保持を決めています。

安全保障政策では防衛費の大幅な増額も決めました。5兆円台で推移してきた当初予算を5年後には8兆9000億円とする方針です。

さらに原発再稼働の推進を決め、運転期間の延長や、福島第一原発事故のあと歴代政権が想定していないとしてきた建て替えに踏み込んでいます。

これには反原発の立場から批判も多かったのですが、いまの日本の貿易収支の赤字のほとんどがエネルギー代であることを考えると、原発活用はきわめて有効な政策です。

こうした岸田政権の政策運営を見ていると、最初は不人気な政策を打ち出すものの、世間の空気を読んで、すぐに方針変更して、融通無碍な政策運営で具体的かつ実際的な政策運営をしていることがわかります。岸田政権の政策は、日本経済にとってプラスに働く重要な要素になっています。

これから自民党総裁選に向けた第2幕が始まる

岸田さんは総裁選に出て勝って以来、ツキがあります。ただ、今回の派閥解消で新たな政界の再編になるのは、ほぼ間違いないでしょう。合従連衡《がっしょうれんこう》が起こってくる可能性が高い。

そういう意味では、9月の総裁選では岸田さんには不安要因が増えたと思います。つまり、いまならだれでも出られる。親分の意向をうかがわなくてもいい。小渕優子さんが出てくるかもしれない。いままでの茂木派ならば親分の茂木敏充さんが出るから、小渕さんが出る目はありませんでした。いままで派閥の親分というのは次の総裁候補でしたが、派閥の縛りがなくなるので、総裁選には何人も名乗り出てくる可能性はあります。

いまの日本の政界の権力機構を握っている人たちは、石破茂、河野太郎、小泉進次郎の「小石川連合」は絶対拒否です。麻生さんに力のあるうちは、小石川連合は勝てないでしょう。

いずれにしても混戦だと思いますが、日本の政界にも9月の自民党総裁選に向けてまだ第2幕、第3幕があると思います。

第2幕は4月28日の補欠選挙の結果です。これで自民党が連敗したら、岸田さんは危なくなります。

政界は相場世界と同じく、一寸先は闇なので、どういう政界再編になるか、どういう合従連衡が9月までに起こるのか、先は読めませんが、9月までに絶対に決着がつくことになるでしょう。総理・総裁を決めるのは政治家にとっては最後の勝負なのですから。

第6章

新NISAで大化けする株を買え！

世界中の投資家から注目される日本の新ＮＩＳＡ

２０２４年１月から新ＮＩＳＡが始まりました。この新ＮＩＳＡが日本のみならず世界中の投資家から注目の的になっていることは何度も述べてきたとおりです。

新ＮＩＳＡには２種類あって、つみたて枠のＮＩＳＡは年間１２０万円で、成長投資枠は２４０万円で、合計３６０万円の投資を無税で無期限に続けられる仕組みです。

投資した資産が倍になろうが、３倍になろうが、キャピタルゲインは無期限に無税です。これほどうまみがある話は滅多にありません。多少資金のある人は、だれでもやりたくなるでしょう。

新ＮＩＳＡを始めるには、口座をつくる必要がありますが、口座は証券会社でも銀行でも郵便局でも、どこでも開設できます。

ただし、もしＳＢＩ証券で新ＮＩＳＡ口座を開いたとしたら、インデックスファンドなどを買う場合は、ＳＢＩ証券が扱っているファンドしか買えません。だから、できるだけ多くのインデックスファンドを扱っている証券会社で口座を開いたほうが、選択の余地が広がるので利便性が高くなります。

初心者はせいぜい日経平均連動か、ニューヨークダウ連動のインデックスファンドに決まっていますから、それならばどこで口座を開設しても問題ないでしょう。

新ＮＩＳＡは銀行でも口座開設ができると言うと、銀行が証券業もするのかと思われるかもしれませんが、たとえば私がインデックスファンドを買ってほしいとＳ銀行に注文すると、Ｓ銀行は系列あるいは傘下の証券会社に出すわけです。銀行は仲介するだけで、窓口は別になっています。

私はすでにこの1月から新ＮＩＳＡで積み立てファンドを始めています。私が口座をつくったＳ銀行は、毎月10日決済です。10日に銀行口座から引き落とされる。黙っていても年間最大１２０万円の積み立てで、私の場合は日経２２５連動です。なぜなら、私は、将来は日経平均は8万円になると思っているからです。

新NISAのお金はまずインデックスファンドに流れている

では、この巨額の個人金融資産は、どういうかたちで株式市場に入ってくるのか。いまのところ、資金が一番流入しているのはネット証券を通じて購入されているインデックスファンドです。それもドル建てのインデックスファンドのほうが売れています。ドル建てで、3000億円も出ています。これはアメリカ株式のニューヨークダウに連動するとか、あるいはオールカントリーと言って世界の主要な株式の指数に連動するインデックスファンドです。

これはドル建てなので円売りのドル買いです。これがいまはさらなる円安要因になっています。2024年2月3日付の日経新聞では、この新NISAによってドル建てのインデックスファンドが大量に買われたために、6円ほど円安に押し上げられたと言われています。

新ＮＩＳＡに流れているお金の６割から７割がいまドル建てのインデックスファンドに行っていると言われています。新ＮＩＳＡの影響は為替市場にまで出てきています。ということは、円の流出がものすごく続くと思います。それはなぜかというと、外貨預金を持っている人は円を全然信用していないので、先ほども述べたように、去年つけた１５０円台が壁でなくて、そこを突破してくるような円安も予想されます。

そうはいっても、残りの２割、３割は円建ての日経平均連動やＴＯＰＩＸ連動に入ってきているので、買っている人は指数連動ですが、入った資金はプロのファンドマネージャーが日本株を買ったり、ニューヨークの主要株を買ったりしているわけです。これが全体として株価の底上げにつながってくる。

買うなら早く始めたほうがいい。なぜなら積み立ては時間が長ければ長いほど、複利計算で儲かっていくからです。これが新ＮＩＳＡのファーストステップです。

成長投資枠の年間240万円枠で個別銘柄に投資するのもいい

それではセカンドステップはどうか。

インデックスファンドだけではつまらない。もう少し株式市場に関する知識や投資意欲のある人は、成長投資枠を使えば、毎月20万円で年間２４０万円までが無税枠で買えます。無税になるのは20万円までですが、もちろん20万円以上買ってもいい。日立でもソニーでも個別銘柄を買いなさいという枠です。もちろんこの20万円で、インデックスを買ってもいい。

なので、セカンドステップとしては、多少知識のある人は新ＮＩＳＡでは２４０万円の枠でアクティブ運用のほうで　銘柄を選ぶことになります。

だから、新ＮＩＳＡのアクティブ運用で買われる銘柄というのはどんな銘柄かというのをいまから予想して、われわれもそこに投資したら儲かるということになる。

こちらは積み立てではないので、やろうと思えば一発で買えます。お金があるなら、年間分を前倒しで年間枠の240万円をいま買ってもいい。

新NISAの問い合わせが証券会社に殺到中

いま新NISAの口座はネット証券で爆発的に増えています。ネット証券だけでなく、普通の大手証券会社にも、問い合わせが殺到して窓口はたいへんだそうです。

新NISA口座は、初心者にはわかりにくいことと、ネット証券で口座が開けない人がいます。40代、50代以降の人はアプリを使って口座を開設するだけでもハードルが高い。なので対面でないとうまくいかない。そういう人たちは、みずほ証券や大和証券などの大手に行って、新NISAの口座を開設する。そうしたら、証券会社は当然、株の投資も勧めます。

そこで、新NISAで初心者はどんなものを買えばいいかといえば、まずは、超一流企業で絶対つぶれないという会社です。もちろん業績もよくて、PBRは1を切るか、少しそれを超える程度の銘柄がいいとなります。そういう企業に世界からお金が集中する。なので、日本株は全体として大きく底上げしていくことになるのです。

3つのテーマに分けて、新NISAで爆上げする銘柄を紹介

今回、私は3つのテーマを挙げました。新NISAで投資されるテーマ1として、「好業績、低PBRの超一流企業」を10銘柄選びました。

今回の新NISA銘柄は、企業の詳しい分析はいりません。だれもが知っている一流株が全部上がるからです。というのは、株の初心者は絶対つぶれない会社に投資するからです。儲けよりも元金保全を優先するということで、超一流企業で絶対つぶれないという企業を10社選びました。

最初は三越伊勢丹。株価はマドをあけてぶっ飛んでいます。インバウンドの需要が急激に増加していて、デパ地下はいまや海外からの観光客で満員です。

日立製作所は、PBRが2・3倍。日立も3月5日に上にマドをあけて1万3330円の高値をつけています。

図10　新NISAで投資したい爆上げ銘柄30

テーマ1　好業績、低PBRの超一流企業

	企業名	コード	市場
1	三越伊勢丹ホールディングス	3099	東プ
2	日本製鉄＊	5401	東プ
3	日立製作所	6501	東プ
4	トヨタ自動車	7203	東プ
5	伊藤忠商事	8001	東プ
6	三菱商事	8058	東プ
7	三菱UFJフィナンシャル・グループ	8306	東プ
8	三井住友フィナンシャルグループ＊	8316	東プ
9	みずほフィナンシャルグループ＊	8411	東プ
10	東京海上ホールディングス	8766	東プ

テーマ2　大化け期待の資産インフレ株＆AI関連株

	企業名	コード	市場
1	住石ホールディングス	1514	東ス
2	INPEX＊	1605	東プ
3	東洋精糖＊	2107	東ス
4	双日＊	2768	東プ
5	さくらインターネット	3778	東プ
6	ヘッドウォータース	4011	東グ
7	AVILEN	5591	東グ
8	SOLIZE	5871	東ス
9	名村造船所	7014	東ス
10	川崎汽船＊	9107	東プ

テーマ3　初心者向けの好業績、誰もが知っている生活関連の大型株

	企業名	コード	市場
1	伊藤園	2593	東プ
2	日清食品ホールディングス＊	2897	東プ
3	ロート製薬	4527	東プ
4	富士フイルムホールディングス	4901	東プ
5	出光興産	5019	東プ
6	ブリヂストン＊	5108	東プ
7	ホンダ＊	7267	東プ
8	タカラトミー＊	7867	東プ
9	任天堂	7974	東プ
10	サンリオ	8136	東プ

＊は３％以上の高配当

日本製鉄も穴株です。配当利回りが4・5%もあって、PBRはいまだ0・8倍。しかもUSスチールを約2兆円で買収する契約を締結しました。これで日本製鉄は世界第3位の製鉄メーカーになります。

トヨタを訴えたり、中国の製鉄メーカーを訴えたりとこれまでの常識を打ち破る企業改革を推し進めた橋本英二社長がこの契約をまとめたようです。ただし、トランプはUSスチールの買収に反対している。だから、この株はトランプリスクがあります。

トヨタ自動車の株価もぶっ飛んでいます。それでもトヨタのPBRはまだ1・6倍です。EVに問題点が噴出し始めて、いまはトヨタのハイブリッド車が爆売れしています。それもあってか、トヨタは37兆円の史上最高売上を叩き出しています。

伊藤忠商事はウォーレン・バフェットが買ったのでどんどん株価が上がって、もともとPBRは1倍割れだったのに、いまは2倍になっています。

超一流企業は、PBR2倍ぐらいまでは安心して買えるということです。PBRが2倍になっている伊藤忠がまだ上がっているのですから。

配当利回りはもともとは3%台の上のほうだったのが、2・43%まで下がってきた。株価が上昇すれば利回りは低下しますから。

三菱商事も最近、マドをあけて株価がぶっ飛んでいます。業績発表がものすごくよかったからです。配当利回りが2・53％。PBRがなんといまだ0・5倍です。まだまだ上がります。PBRは最低1倍にはなるでしょう。

次はメガバンクです。いよいよ日本もマイナス金利から離脱します。もう時間の問題でしょう。金利がつくとなれば銀行の利益は大きくふくらみます。日銀がマイナス金利をやめると言った途端に銀行株は上がるはずです。日本の場合、こういう大手都市銀行は絶対につぶれません。

銀行株は最近上がり始めていますが、それほど上がってはいないのでうまみがあります。

まずは三菱UFJ銀行。これもまだPBR1倍です。配当利回りが最近までは3％以上でしたが、株価が上がったので2・9％という状況です。

三井住友銀行は、PBRがなんとまだ1倍割れの0・8です。配当利回りが3・57％。三井住友はお買い得です。

みずほ銀行は、配当3・76％で、PBRはまだ0・7倍です。これは確実に1倍以上になっていくでしょう。

東京海上ホールディングスは、配当利回り3・14％で、PBRはちょっと高くて2・1倍です。なぜまだ上がらないのかと思っていますが、これは損保の談合の問題があるからです。

損害保険大手4社などが、企業向けの保険の保険料について「カルテル」を結んだり、自治体などとの保険契約の入札で談合をしていた疑いがあるとして、公正取引委員会が、独占禁止法違反の疑いで立ち入り検査に入りました。この問題が一段落すれば、株価もじりじりと上がってくるはずです。

この「好業績、低PBRの超一流企業」のテーマの株価はもちろん上がりますが、それほど大化けは期待できません。利益を出すためには時間がかかると思っていたほうがいいでしょう。

新NISA関連の大化け期待株

テーマ2は、いまの相場は資産インフレ相場ですから、資産インフレ効果があって上がりそうな銘柄です。名付けて「大化け期待の資産インフレ株&ＡＩ関連株」です。

ここに挙げた銘柄は大化けする可能性があります。私はリスク承知で、この銘柄に投資したいと思っています。

一番手は、住石ホールディングスです。もともと住友石炭が前身の会社ですが、株価が急上昇中です。最近だけでも2倍近く上がっています。石油や石炭の販売が主な業務ですが、いまは石油が中心です。中東戦争で石油価格が暴騰したら、この株は大化けするでしょう。

配当利回りは0・94％でよくありません。ＰＢＲも6・3倍ですが、それでも株価が上がっている。それほど有名な会社ではないのに、時価総額はすでに1000億円以上です。この銘柄は、大株主の「麻生」が株を集めているといううわさがあって、それでかなり、投機的になっています。

ＩＮＰＥＸは資源、石油の大手。経済産業省が筆頭株主で、経済産業大臣が21％の株を保有する大株主です。ＩＮＰＥＸはまだ直近の高値、去年の2368円を抜いていない。配当利回りは3・71％、ＰＢＲは0・7倍。ＩＮＰＥＸ株は上がらないのが不思議です。

東洋精糖は、砂糖も資源ですから、戦争銘柄になります。私は東洋精糖の株価が１０００円ぐらいのときに注目して、いまは２２００円～２３００円くらいに上がっています。これだけ株価が上がっても、いまだに配当利回りが４・63％もある。最初に注目した時は配当利回りは約６％でした。

しかもこの株は、時価総額がたったの１３５億円しかありません。いまから株価は10倍になっても時価総額は１３５０億円です。時価総額が小さいのは、流動性に欠ける面もあります。

双日は資源、防衛産業に強い商社です。商社では双日が穴株じゃないでしょうか。元は日商岩井だったので、ロッキード、グラマン事件で話題になった商社ですから、アメリカの軍需産業との大型取引が成立する思惑があります。

株価は直近上がっています。ついにＰＢＲは1倍台回復。双日は、時価総額は８０００億円です。それでも三菱商事、三井物産に比べれば小さい。

今回の日米同時株高をけん引したのは、生成ＡＩに必要不可欠な半導体メーカーのエヌビディアが好業績だったことでした。ＡＩがこれからのビジネスを変えていくことはほぼ確実です。日本ではさくらインターネット、ヘッドウォータース、ＡＶＩＬＥＮなどがこの分野で最先端を走っています。ＳＯＬＩＺＥは先端技術である３Ｄプリンターに強味があります。

テーマ2は、新ＮＩＳＡ銘柄の中でもちょっと投機的な銘柄が入っています。でも、全部、各分野の一流企業です。

戦争経済で海運が好調ですが、新造船が堅調で連続増益なのが名村造船所です。

そして、海運で一番強いのが川崎汽船です。川崎汽船は去年の春ころには、株価が２５００円～３０００円程度でした。それが、なんと直近は７７００円の高値をつけています。そして直近で売られています。上がった後の利食い売りなので、あたりまえです。

しかしながら、いまだＰＢＲは１・１倍。株価がもっと下がれば1倍割れになってしまう。それで配当利回りは３・83％です。しかも海運は戦争特需がありますから、戦争が続く限り、運賃は上がります。

海運は前期がものすごく業績がよかったので、いまは減収減益ですが、次は大幅増収増益になるかもしれません。

みんなが知っている生活関連にも勝機あり

最後のテーマ3は「初心者向けの好業績、誰もが知っている生活関連の大型株」です。みんなが知っている、なじみのある株で安値圏にある銘柄も選んでみました。その中でも特徴があるというのは、たとえばインフレ要因とか、PBRに着目したものとか、好業績なもの。それが新NISAの特徴です。

まず生活に絶対必要なお茶で有名な伊藤園。

サービス関係はPBRが高いので、PBRや配当利回りは当てにできません。伊藤園はだれもが知っていて人気があるので、みんなが買いにくる銘柄です。株主優待も充実している。伊藤園の株主になったら、おいしいお茶が自宅に届きます。株価は底値圏です。

カップラーメンといえば日清食品。世界中に輸出しています。

日清食品の配当利回りは3・09%にもなる。伊藤園の配当利回りは1%だから、株価は下がっています。でも、日清食品は3%もあるので、高値からそれほど下がっていない。

下がれば配当利回りはもっとよくなります。

ロート製薬はＰＢＲも３倍で、配当利回りも０・91％だから株価は下がっています。こういう会社は将来全部、増配します。増配しないと株価は上がらない。一流会社ですから、おそらく増配と自社株買いをやるでしょう。

富士フイルムは、直近、業績がものすごくよくなっています。配当利回りは１・64％ですが、ＰＢＲはまだ１・３倍です。最近、好業績を発表したので、株価は急上昇です。

出光興産はみなさんがガソリンスタンドでお世話になっています。石油の元売り業ですが、最近ではＥＶで注目されている全固体電池の技術開発で有名になっています。全固体電池が実用化されればＥＶの航続距離は飛躍的に延びますし、充電時間も10分程度に短縮できます。トヨタと共同でＥＶの発電用に開発が進んでいます。直近、増配、自社株買い、株式分割など矢継ぎ早に株主対策を実施しています。

ブリヂストンもだれもが知っています。昔はブリヂストンの有名なテレビコマーシャルがありました。いま配当利回りが３・15％と悪くありません。ＰＢＲは１・５倍。だから、ブリヂストンや出光はもっと買われてＰＢＲが２倍以上になるはずです。

ホンダは、二輪車世界トップ、業績絶好調、世界最速の小型ジェット機の開発に成功など、有力情報があるのに、不思議なことにトヨタほど株価は上がっていません。

配当利回りは3・4％もあって、PBRもいまだ0・9です。

タカラトミーは皆さんおなじみのおもちゃメーカーですが、配当利回りは1・83％と低いわりには株価が下がっていない。なんといってもポケモンが有名なので。PBRは2・5倍。この辺はすでに株価は割高。

任天堂も株価が上がっています。ヒットを連発しているゲームメーカーですが、新型のゲーム機ニンテンドーSWITCHが、この2024年末にも発売になります。配当利回りは2・17％あるのは立派。ただし、PBRは4・5倍と高い。

サンリオもハローキティはじめキャラクターが有名ですが、株価はそれほど上がっていません。配当利回りは0・7％と低くなっています。その割には株価が上がっているので、PBRは9倍にもなっています。

タカラトミーや任天堂、サンリオといったゲームやおもちゃメーカーがじつは世界的に人気が高まっています。サンリオのハローキティを始め海外の著名人が大好きだとSNS

で大々的に宣伝してくれているほどです。

じつは、アラビアのソブリン・ファンドがこうした日本のキャラクターに着目して、人気キャラをもっているメーカーの株を買いに来ているようです。

サービス産業は配当、ＰＢＲではなく、商品やサービスの強さで買われるからでしょう。

以上３つのテーマで厳選した銘柄の株価チャートを次ページ以降でご紹介します。株価の動向についてもコメントをつけていますので、参考になさって、あくまでも自己責任で投資にチャレンジしてください。

3099

三越伊勢丹ホールディングス

東証 PRM

小売業

ポイント

①インバウンド関連の本命株。特に高額商品、外商が好調

②すでに株価は高値圏ですが長期的に押し目買い方針でよいのではないか

2024年3月8日現在

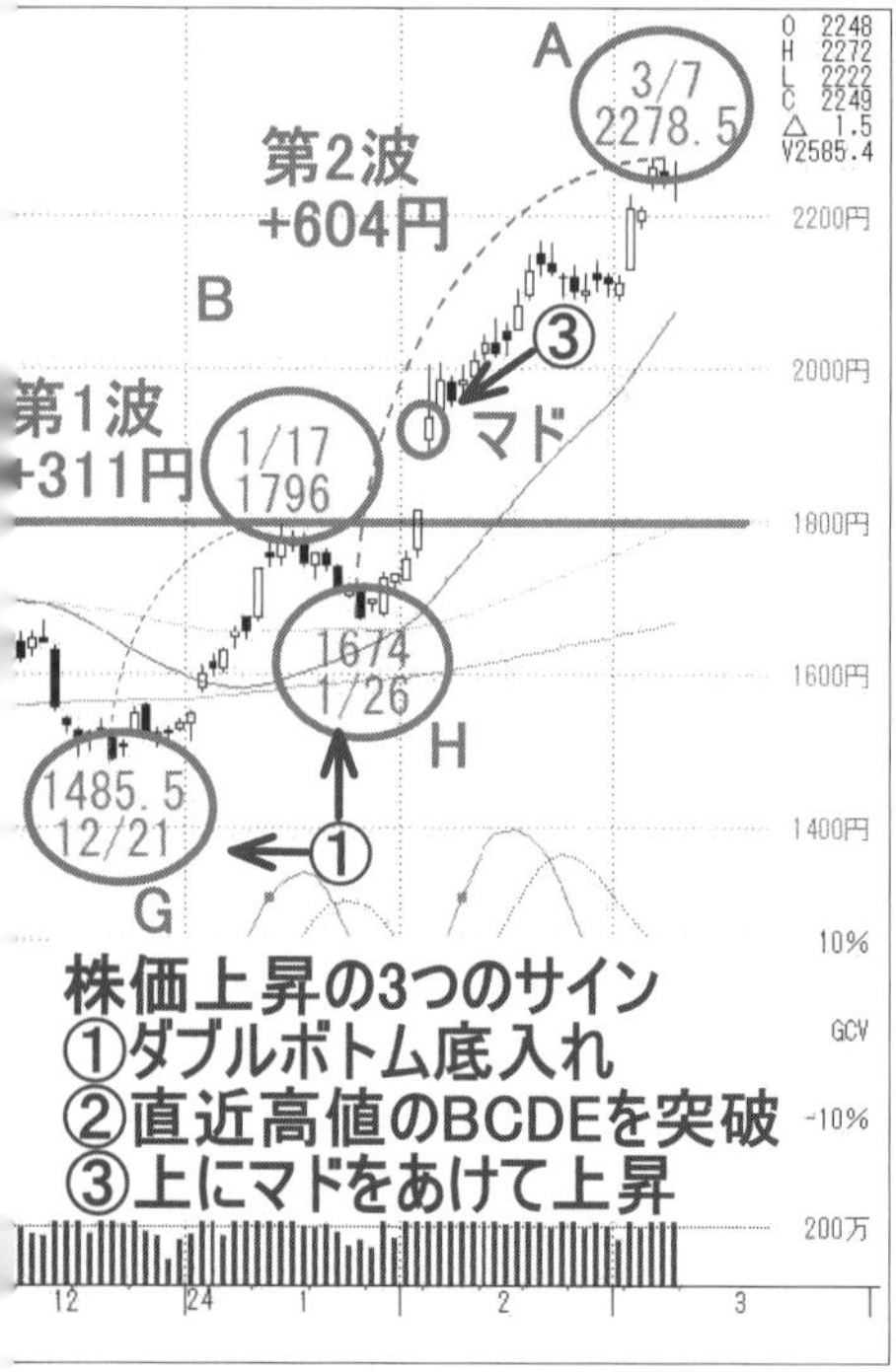

A
3/7
2278.5
O 2248
H 2272
L 2222
C 2249
△ 1.5
V2585.4
第2波
+604円
B
③
マド
第1波
+311円
1/17
1796
1674
1/26
H
1485.5
12/21
①
G
株価上昇の3つのサイン
①ダブルボトム底入れ
②直近高値のBCDEを突破
③上にマドをあけて上昇
2200円
2000円
1800円
1600円
1400円
10%
GCV
-10%
200万
12
24
1
2
3

傘下に業界トップクラスの三越、伊勢丹をはじめ各地方の百貨店運営会社などを所有している百貨店の純粋持株会社。

日本国内にある政令指定都市のほぼすべてに出店しているほか、世界進出でも

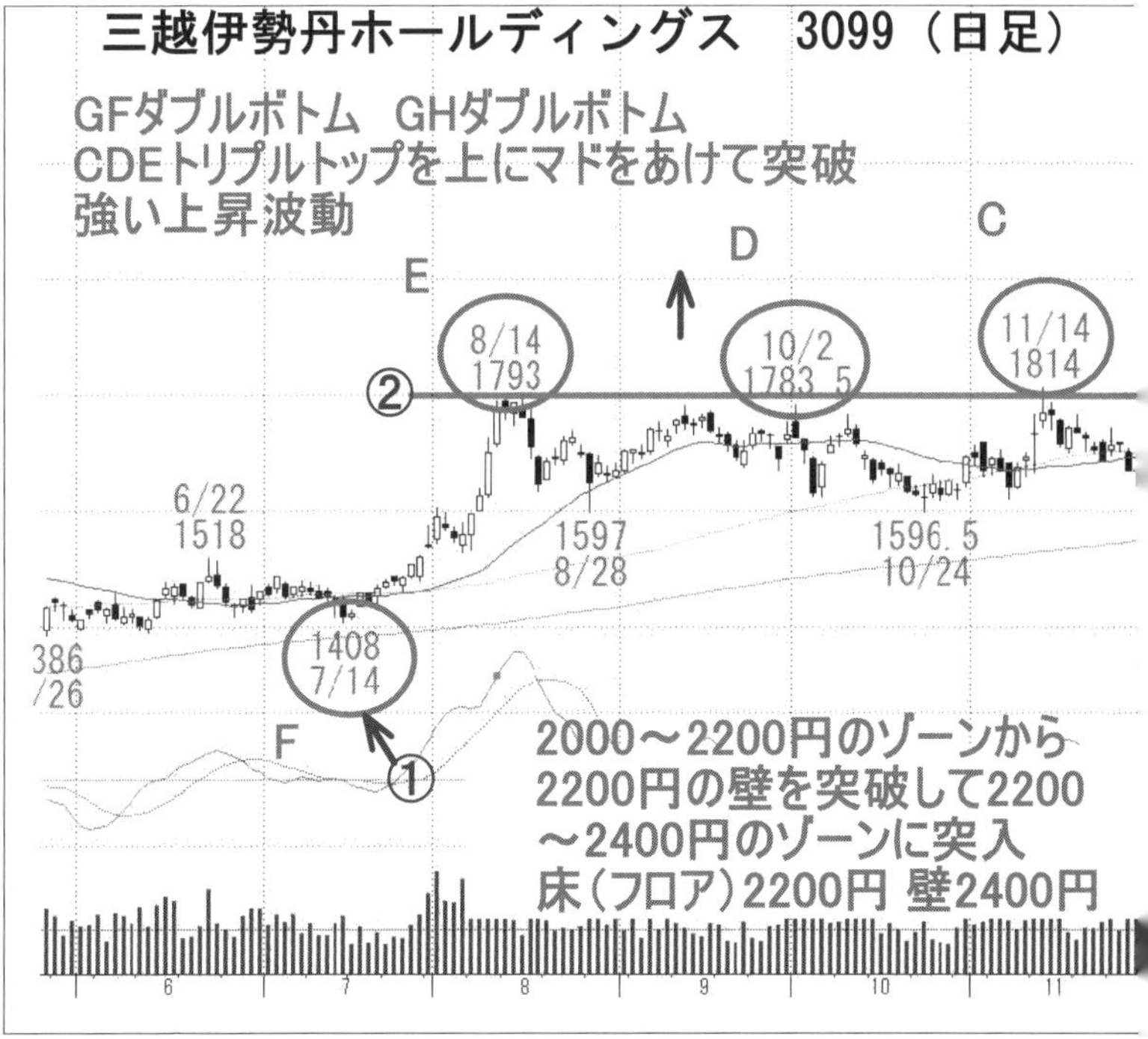
三越伊勢丹ホールディングス　3099（日足）
GFダブルボトム　GHダブルボトム
CDEトリプルトップを上にマドをあけて突破
強い上昇波動
E
D
C
8/14
1793
10/2
1783.5
11/14
1814
②
6/22
1518
1597
8/28
1596.5
10/24
386
/26
1408
7/14
F
①
2000～2200円のゾーンから
2200円の壁を突破して2200
～2400円のゾーンに突入
床（フロア）2200円 壁2400円
6
7
8
9
10
11

長い歴史がある。1990年代に、独自のマーチャンダイジングで躍進した伊勢丹が、資本増強に苦しんでいた日本最古の百貨店の三越を取り込む形で2008年に株式移転により純粋持株会社として発足した。

三越は創業350年を超える老舗中の老舗。インバウンド需要の高まりもあり、海外からの旅行客でデパ地下に活気が戻ってきた。

株価は上にマドをあけて上昇中。

2024年3月8日現在

O 3725
H 3771
L 3713
C 3771
△ 53.0
V6823.5
第1波
+695円
A
A'
2/8
3735
3/4
3847
第2波
3408
2/15
E
3040
12/19
D
3800円
3600円
3400円
3200円
3000円
2800円
10%
GCV
-10%
500万
12
24
1
2
3

5401

日本製鉄

東証 PRM

鉄鋼

ポイント

①脱デフレ、資産インフレ関連の本命株。配当利回りが4・29％と高配当

②好業績・高配当で新NISA銘柄として人気化しそう

言わずと知れた日本最大の鉄鋼メーカー。2012年10月に住友金属工業と合併して粗鋼生産は世界3位に浮上。2021年10月、日本製鉄はトヨタと中国鉄鋼大手・宝武鋼鉄集団の子会社・宝山鋼鉄を東京地裁

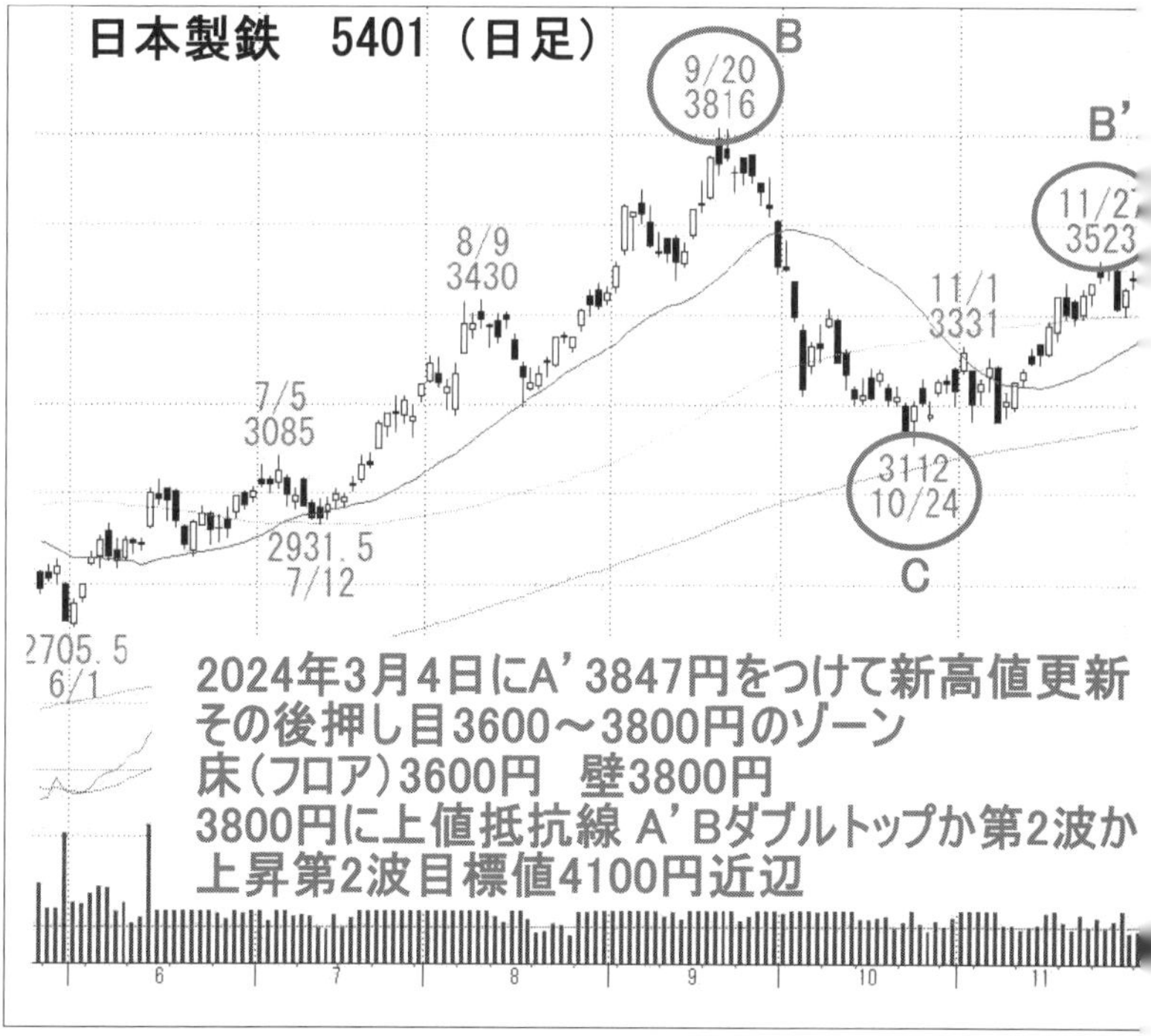
日本製鉄　5401（日足）
B
9/20
3816
B'
11/27
3523
8/9
3430
11/1
3331
7/5
3085
3112
10/24
2931.5
7/12
C
2705.5
6/1
2024年3月4日にA'3847円をつけて新高値更新
その後押し目3600～3800円のゾーン
床（フロア）3600円　壁3800円
3800円に上値抵抗線 A'Bダブルトップか第2波か
上昇第2波目標値4100円近辺
6
7
8
9
10
11

に提訴して話題になった。

この訴訟でも問題になった電気自動車やハイブリッド車などの駆動モーターに使う無方向性電磁鋼板で高い技術力を誇る。この鋼板の特許侵害でトヨタを提訴している。

最近、日本製鉄はアメリカ大手の製鉄会社であるUSスチールを約2兆円で買収する契約を結んだ。もし実現すれば、先進国中最大規模の米国の需要を取り込むことが可能に。

6501

日立製作所

東証 PRM

電気機器

ポイント

①32年ぶりという新高値更新。円安、脱デフレの恩恵を受ける本命株のひとつ

②防衛関連株でも妙味がある

2024年3月8日現在

O 12940
H 13110
L 12915
C 12995
▼ 30.0
V2531.6
A
3/5
13330
12000円
B
9/6
10170
第2波
10000円
9715
12/18
8569
7/28
8561
10/24
8000円
D
E
6000円
10%
GCV
-10%
200万
7
8
9
10
11
12
24 1
2
3

日立グループの中核企業であり、日本のみならず世界有数の総合電機メーカー。

ＩＴ、エネルギー、インダストリー、モビリティ、ライフ、オートモティブシステム、その他の8つの部門から構成される。

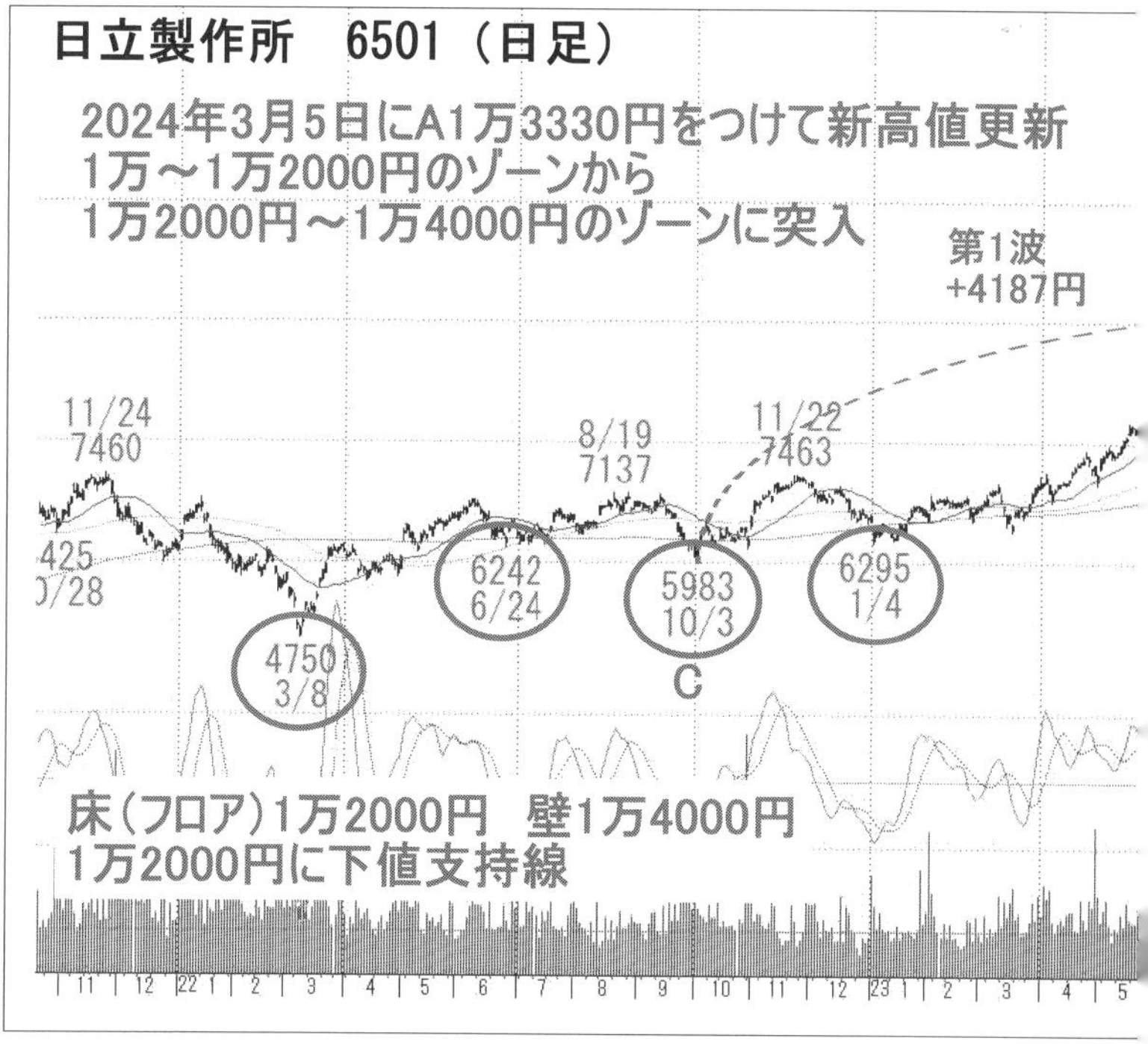
日立製作所　6501（日足）
2024年3月5日にA1万3330円をつけて新高値更新
1万～1万2000円のゾーンから
1万2000円～1万4000円のゾーンに突入
第1波
+4187円
11/24
7460
8/19
7137
11/22
7463
425
0/28
4750
3/8
6242
6/24
5983
10/3
C
6295
1/4
床（フロア）1万2000円　壁1万4000円
1万2000円に下値支持線
11
12
22
1
2
3
4
5
6
7
8
9
10
11
12
23
1
2
3
4
5

連結子会社770社を傘下に置き、売上高10兆2646億円、営業利益7382億円、総従業員数35万864人は、総合電機の中で最大であり、日本の全業種中でもトヨタ自動車に次ぐ規模の従業員数を誇る巨大企業。

グローバル戦略へのシフトをいち早く実行し、全世界に製造・販売拠点を広げる多国籍企業でもある。売上の59％は日本国外からもたらされる（2021年）。

7203

トヨタ自動車

東証 PRM

輸送用機器

ポイント

①脱デフレ、資産インフレ相場の本命株。自動車世界販売トップ級

②日本の株式市場のリーディングストック（けん引役）

2024年3月8日現在

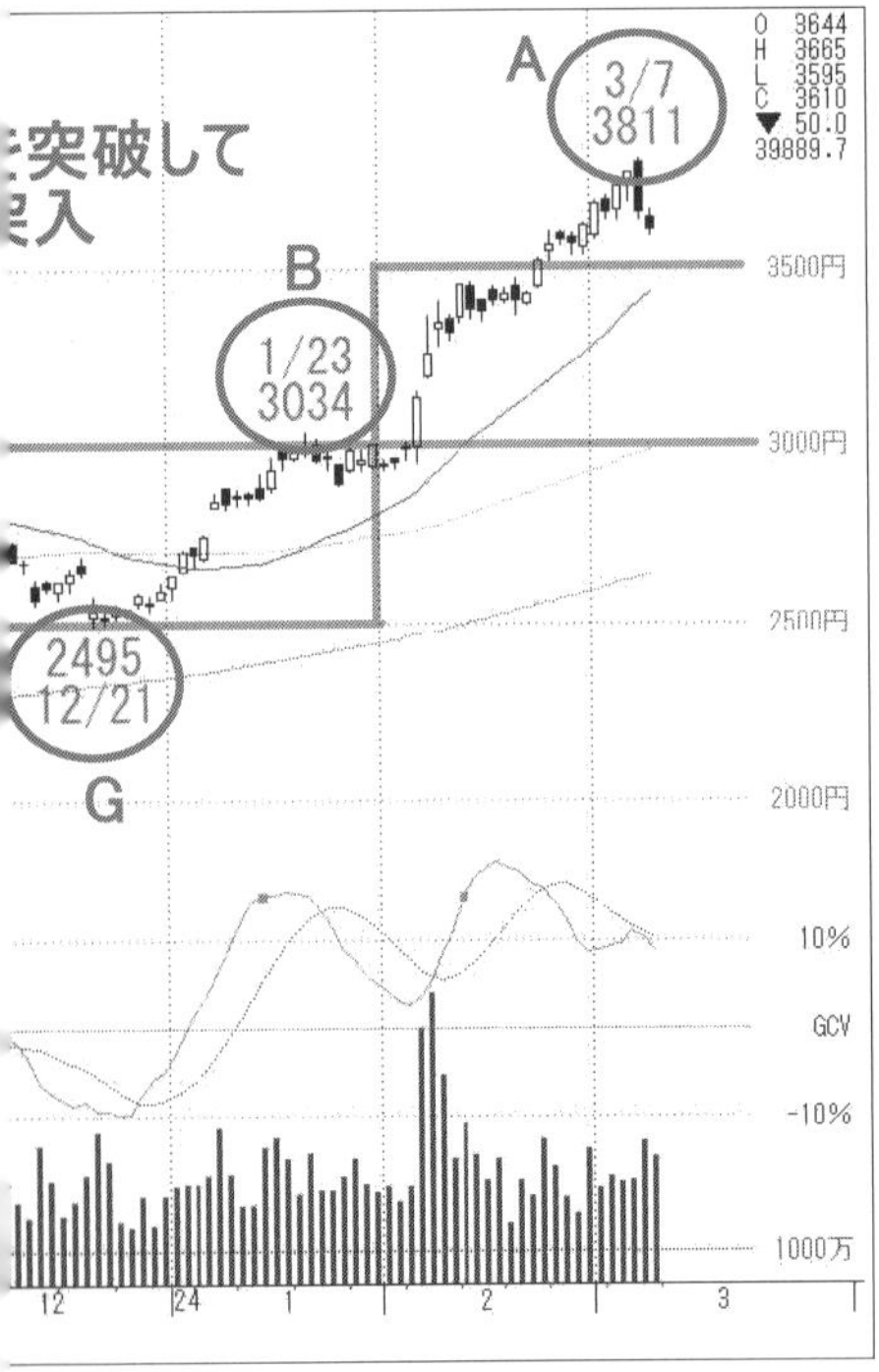
A
3/7
3811
B
1/23
3034
2495
12/21
G
3500円
3000円
2500円
2000円
10%
GCV
-10%
1000万
12
24
1
2
3

２０２３年度の全世界での自動車生産台数が過去最高の１２００万台を超え、２０２３年度の営業利益は２兆７２５０億円を見込む世界最大の自動車メーカー。

ＥＵや中国を中心に世界各国が電気自動車（ＥＶ）

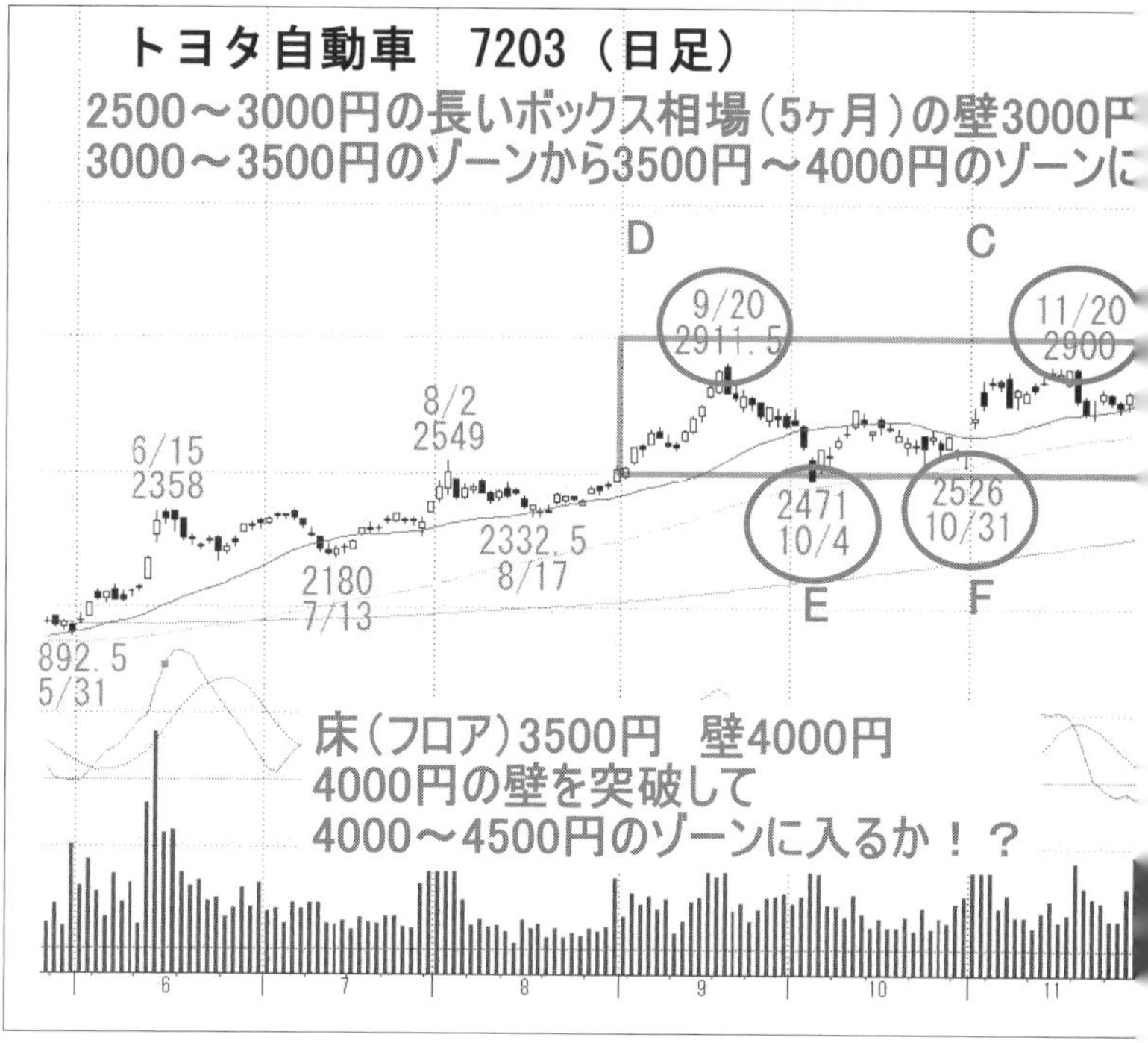
トヨタ自動車　7203（日足）
2500～3000円の長いボックス相場（5ヶ月）の壁3000円
3000～3500円のゾーンから3500円～4000円のゾーンに
D
C
9/20
2911.5
11/20
2900
8/2
2549
6/15
2358
2332.5
8/17
2180
7/13
2471
10/4
2526
10/31
E
F
892.5
5/31
床（フロア）3500円　壁4000円
4000円の壁を突破して
4000～4500円のゾーンに入るか！？
6
7
8
9
10
11

にシフトするなか、トヨタは、EVの開発では出遅れ感がいなめないが、圧倒的な技術優位にあるPHEVなどのハイブリッド車、水素自動車、燃料電池車など多角的なアプローチで二酸化炭素削減に取り組む。EVの分野では出光興産とも提携して全固体電池の開発を急ぐ。

株価は長いボックス相場を突破して、3500円～4000円のゾーンに突入している。

8001

伊藤忠商事

東証 PRM

卸売業

ポイント

①総合商社大手では一番チャレンジ精神のある会社

②世界的なインフレの中で資源関連としても注目

2024年3月8日現在

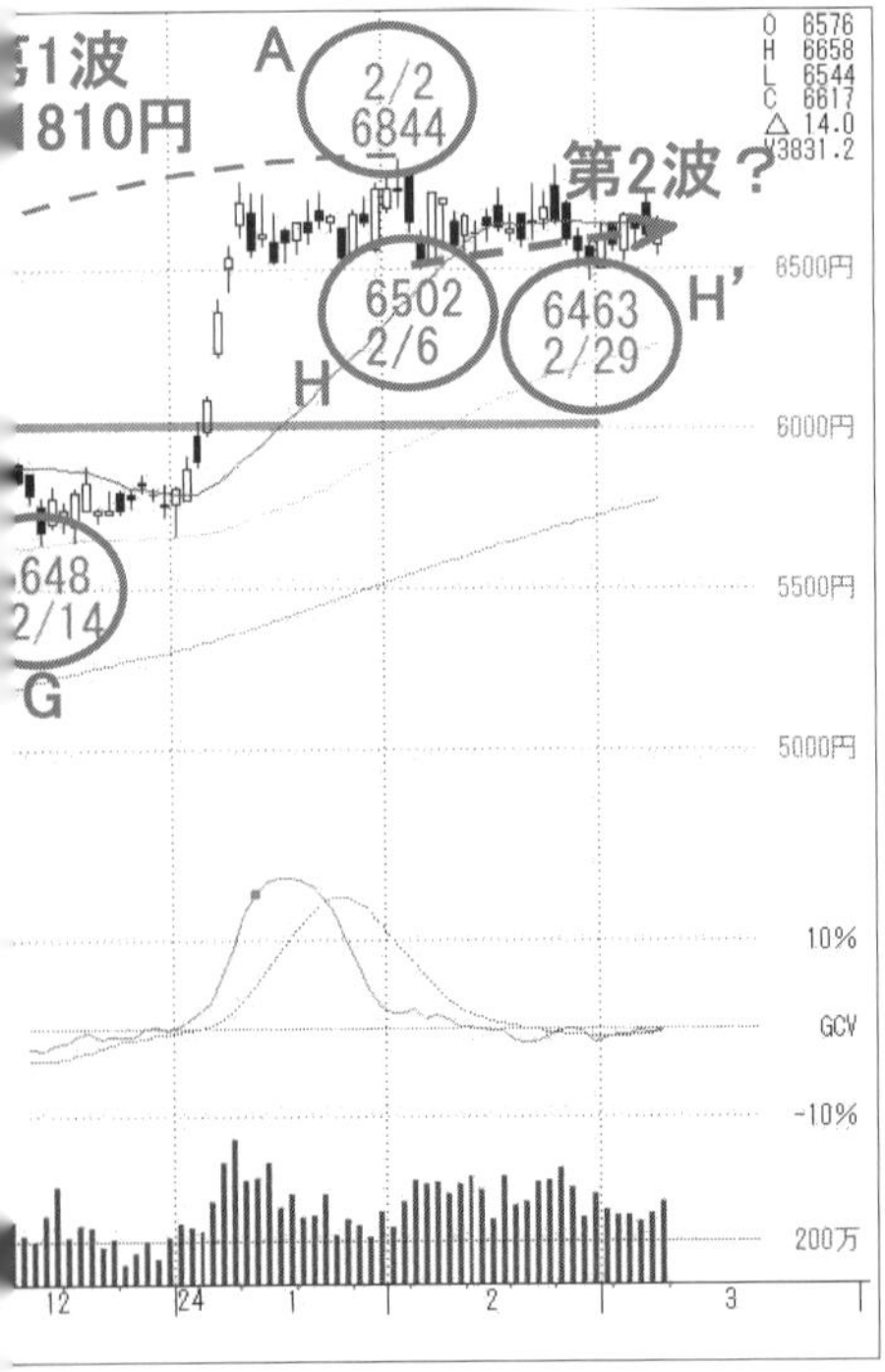

第1波
1810円
A
2/2
6844
第2波？
6502
2/6
H
6463
2/29
H'
648
2/14
G
O 6576
H 6658
L 6544
C 6617
△ 14.0
V3831.2
6500円
6000円
5500円
5000円
10%
GCV
-10%
200万
12
24
1
2
3

世界61カ国に約90カ所の事業拠点を持ち、5大商社のなかでもトップを争う大手総合商社。

戦前は多数の紡織会社を傘下に持つ伊藤忠財閥の中核企業であり、かつては世界最大の繊維商社であった。

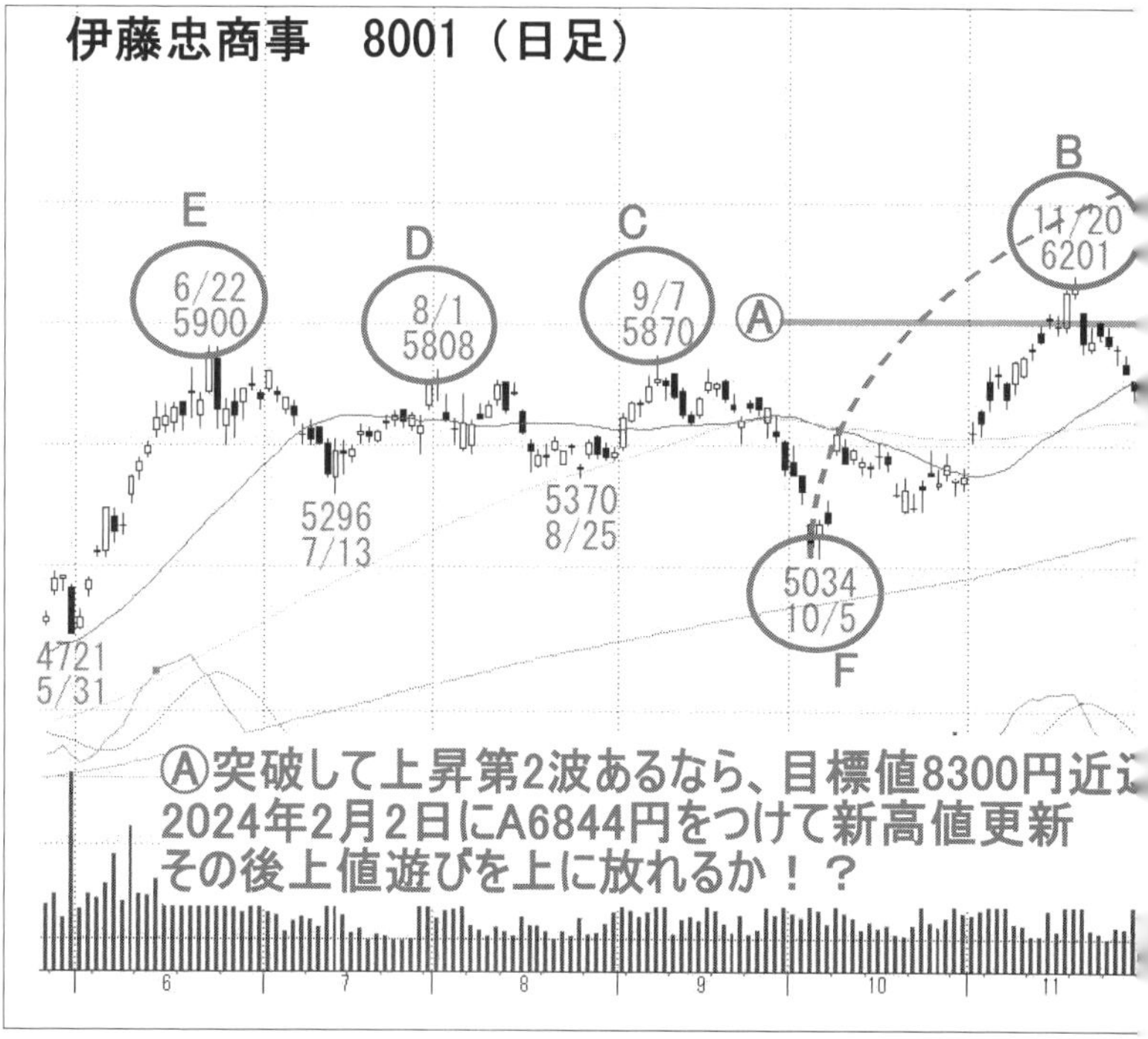
伊藤忠商事　8001（日足）
E
6/22
5900
D
8/1
5808
C
9/7
5870
Ⓐ
B
11/20
6201
5296
7/13
5370
8/25
4721
5/31
5034
10/5
F
Ⓐ突破して上昇第2波あるなら、目標値8300円近
2024年2月2日にA6844円をつけて新高値更新
その後上値遊びを上に放れるか！？
6
7
8
9
10
11

現在は祖業である繊維の他に、食料や生活資材、情報通信、保険、金融といった非資源分野全般を強みとしている。

2022年度の連結純利益は2021年度の史上最高益8203億円に続き、2年連続8000億円の大台に乗る、8005億円。2023年度も8000億円超えを目指す。2023年度も1株当たり160円の増配を予定。

8058

三菱商事

東証 PRM

卸売業

ポイント

①新NISA銘柄の本命株のひとつ。PBR0・6倍はお買い得か!?

②防衛、軍需関連でも注目株

2024年3月8日現在

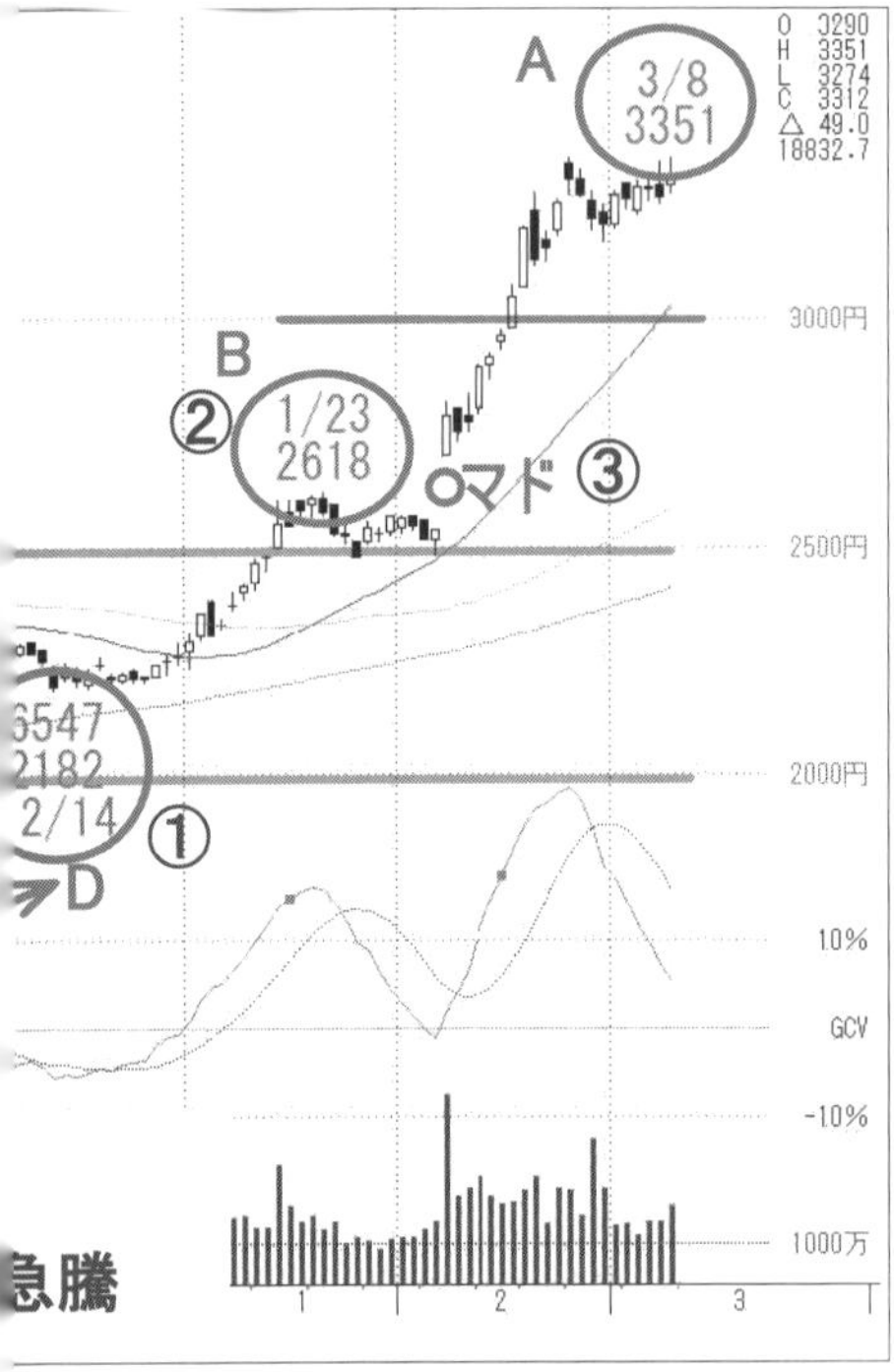

A
3/8
3351
O 3290
H 3351
L 3274
C 3312
△ 49.0
18832.7
3000円
B
②
1/23
2618
○マド
③
2500円
2182
2/14
①
D
2000円
10%
GCV
-10%
1000万
1
2
3

三菱グループ（旧三菱財閥）において三菱ＵＦＪ銀行、三菱重工業とともに「御三家」と呼ばれる大手総合商社。三井物産、住友商事、伊藤忠商事、丸紅と共に５大商社のひとつ。

資源開発への直接投資

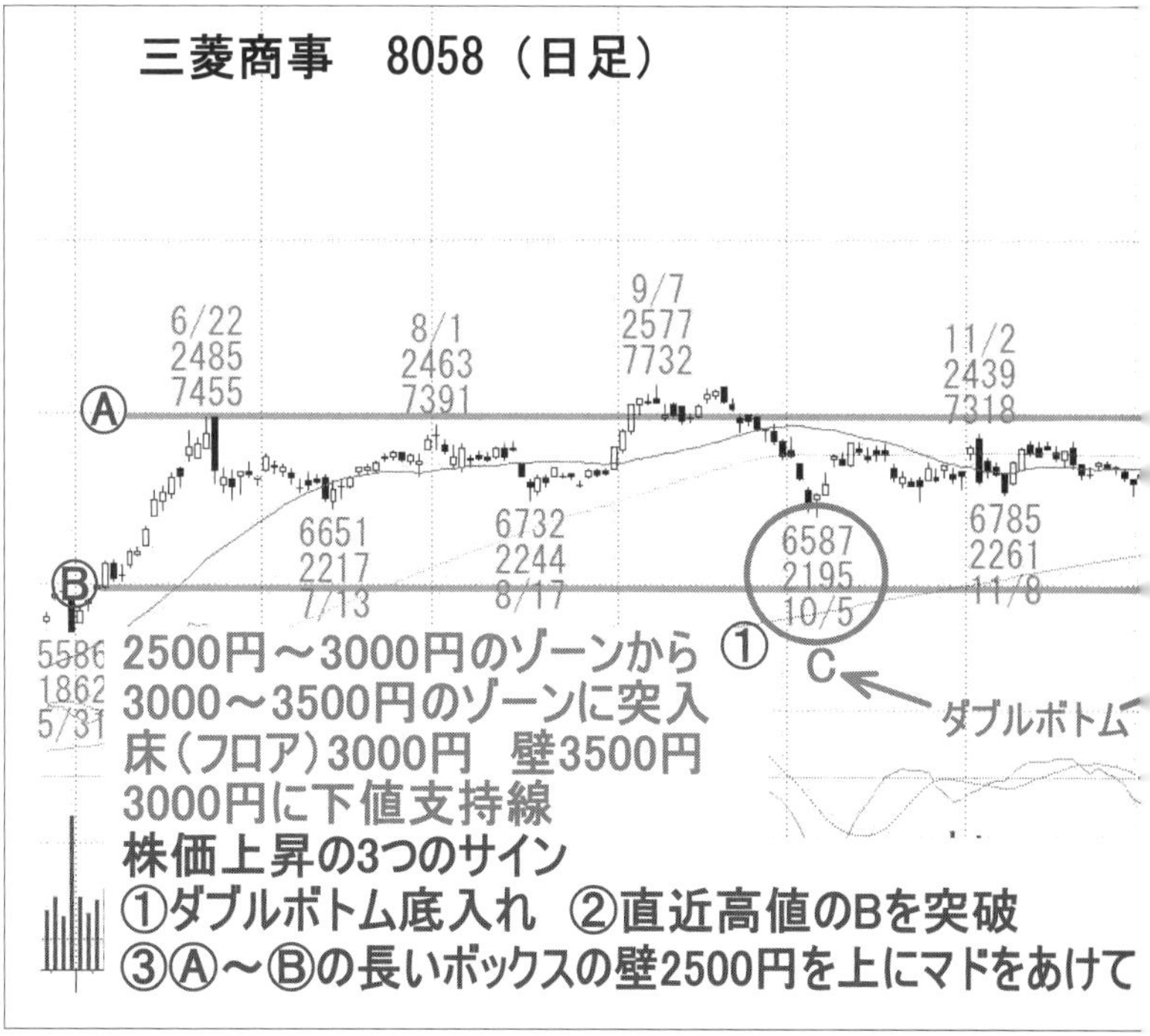
三菱商事　8058（日足）
9/7
2577
7732
6/22
2485
7455
8/1
2463
7391
11/2
2439
7318
Ⓐ
Ⓑ
6651
2217
7/13
6732
2244
8/17
6587
2195
10/5
6785
2261
11/8
5586
1862
5/31
①
C
ダブルボトム
2500円～3000円のゾーンから
3000～3500円のゾーンに突入
床（フロア）3000円　壁3500円
3000円に下値支持線
株価上昇の3つのサイン
①ダブルボトム底入れ　②直近高値のBを突破
③Ⓐ～Ⓑの長いボックスの壁2500円を上にマドをあけて

（天然ガスや原料炭）などはもちろん、１９８０年代からは菱食（現：三菱食品）など食料流通などのバリューチェーンの構築を展開し、コンビニエンスストアチェーンのローソンを通じた消費者マーケットの開拓など、川上から川下までにわたる投資や経営参画を通じて収益を上げる体質に変化し、収益拡大を目指している。

　株価は上にマドをあけて上昇中。

8306

三菱ＵＦＪフィナンシャル・グループ

東証 PRM

銀行業

ポイント

①脱デフレ、資産インフレ相場の注目株。ＰＢＲ１・１倍、配当利回り２・54％

②脱デフレ、金利上昇で業績改善で新ＮＩＳＡ銘柄の注目株のひとつ

2024年3月8日現在

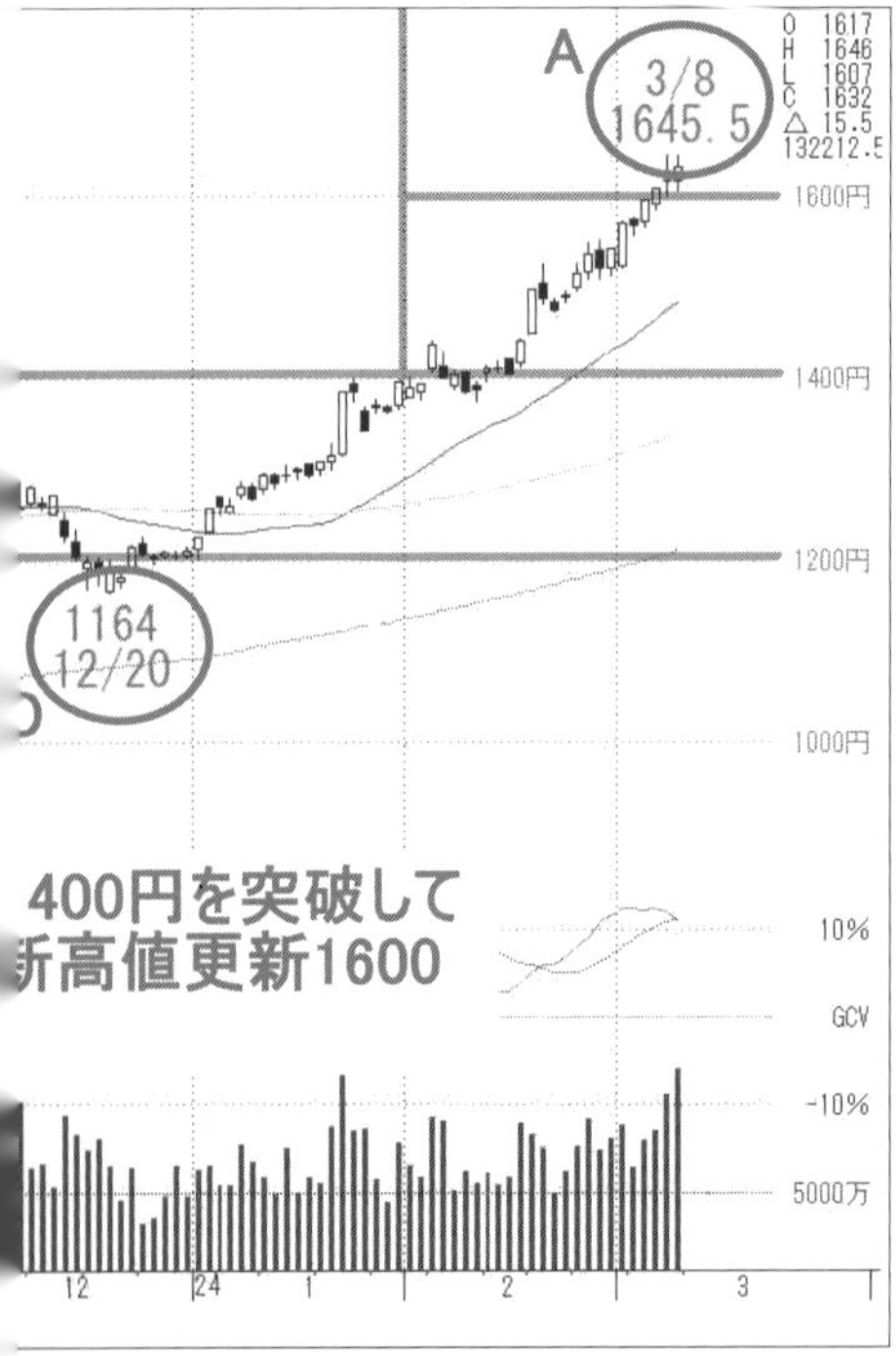
A
3/8
1645.5
O 1617
H 1646
L 1607
C 1632
△ 15.5
132212.5
1600円
1400円
1200円
1000円
1164
12/20
400円を突破して
高値更新1600
10%
GCV
-10%
5000万
12
24
1
2
3

日本３大メガバンクの一角を占める都市銀行である三菱ＵＦＪ銀行を中核として、各種銀行や証券会社をはじめ、カード会社、消費者金融会社、資産運用会社など、金融分野でトップクラスの企業が一体となり、

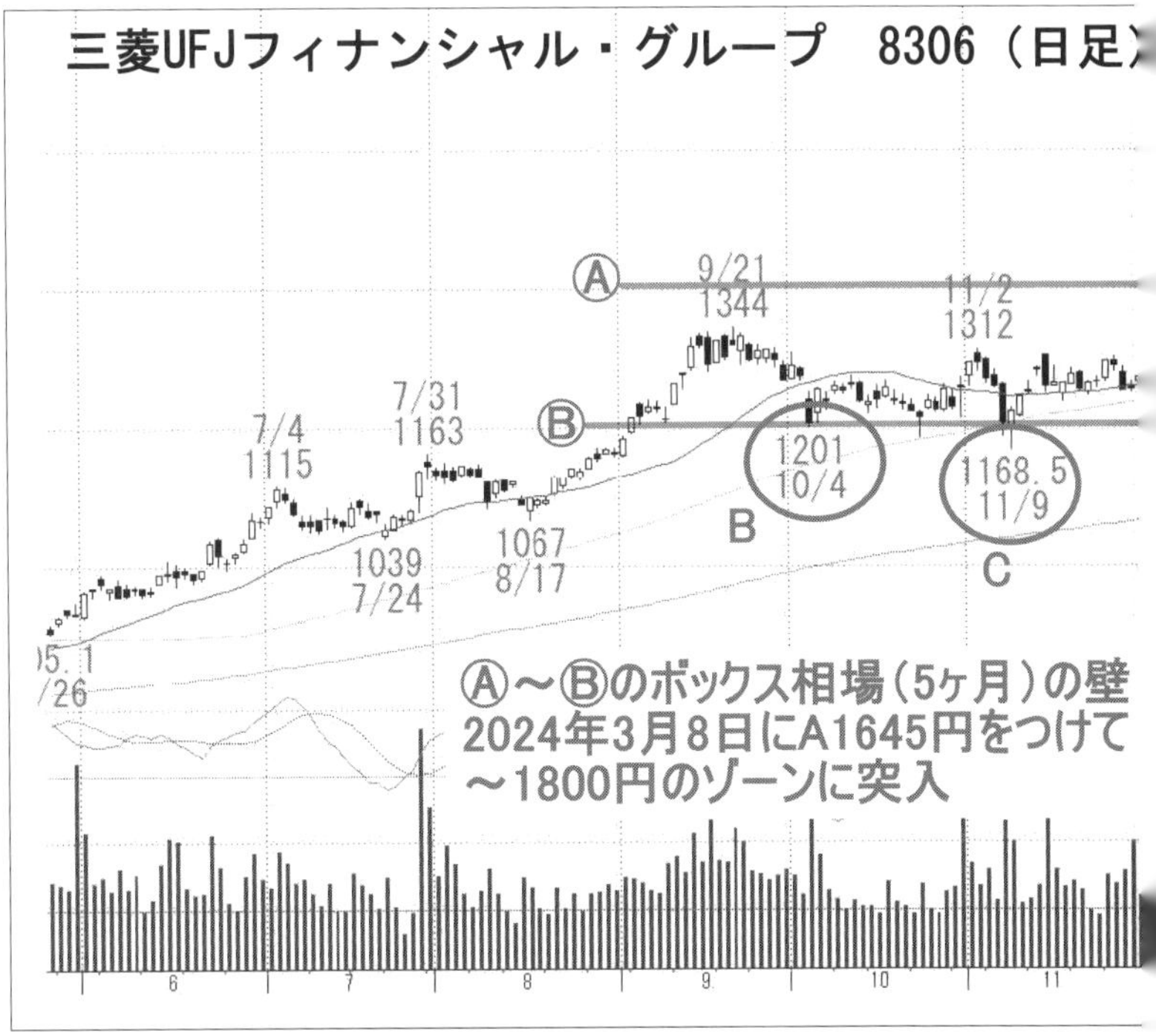
三菱UFJフィナンシャル・グループ　8306（日足）
Ⓐ
9/21
1344
11/2
1312
7/31
1163
7/4
1115
Ⓑ
1201
10/4
B
1168.5
11/9
C
1039
7/24
1067
8/17
Ⓐ～Ⓑのボックス相場（5ヶ月）の壁
2024年3月8日にA1645円をつけて
～1800円のゾーンに突入
6
7
8
9
10
11

さまざまな金融サービスを提供する企業グループ。

２０２２年度は、業務粗利益が過去最高となり、業務純益は、前年度比３７７５億円増加の１兆５９４２円で、マイナス金利導入前の水準に回復。

自己株式取得は過去最大となる４５００億円を実施。

２０２３年度の配当は、中期経営計画で掲げた配当性向40％実現に向けて、過去最大の引き上げとなる９円増配の年間41円を予定。

8316

三井住友フィナンシャルグループ

東証 PRM

銀行業

ポイント

①ＰＢＲ０・９倍、配当利回り３・０％。注目株のひとつ

②金利上昇で銀行関連株は業績改善の期待がある

2024年3月8日現在

A
3/8
9159
O 8946
H 9159
L 8903
C 9116
△198.0
13183.70
9000円
8000円
7511
2/9
7000円
6530
12/18
6000円
E
10%
GCV
-10%
500万
12
24
1
2
3

３大メガバンクのひとつである三井住友銀行（ＳＭＢＣ）などを傘下に置く三井グループ・住友グループの金融持株会社。略称はＳＭＦＧ。

２０２３年度連結粗利益は、前年比２２４７億円増

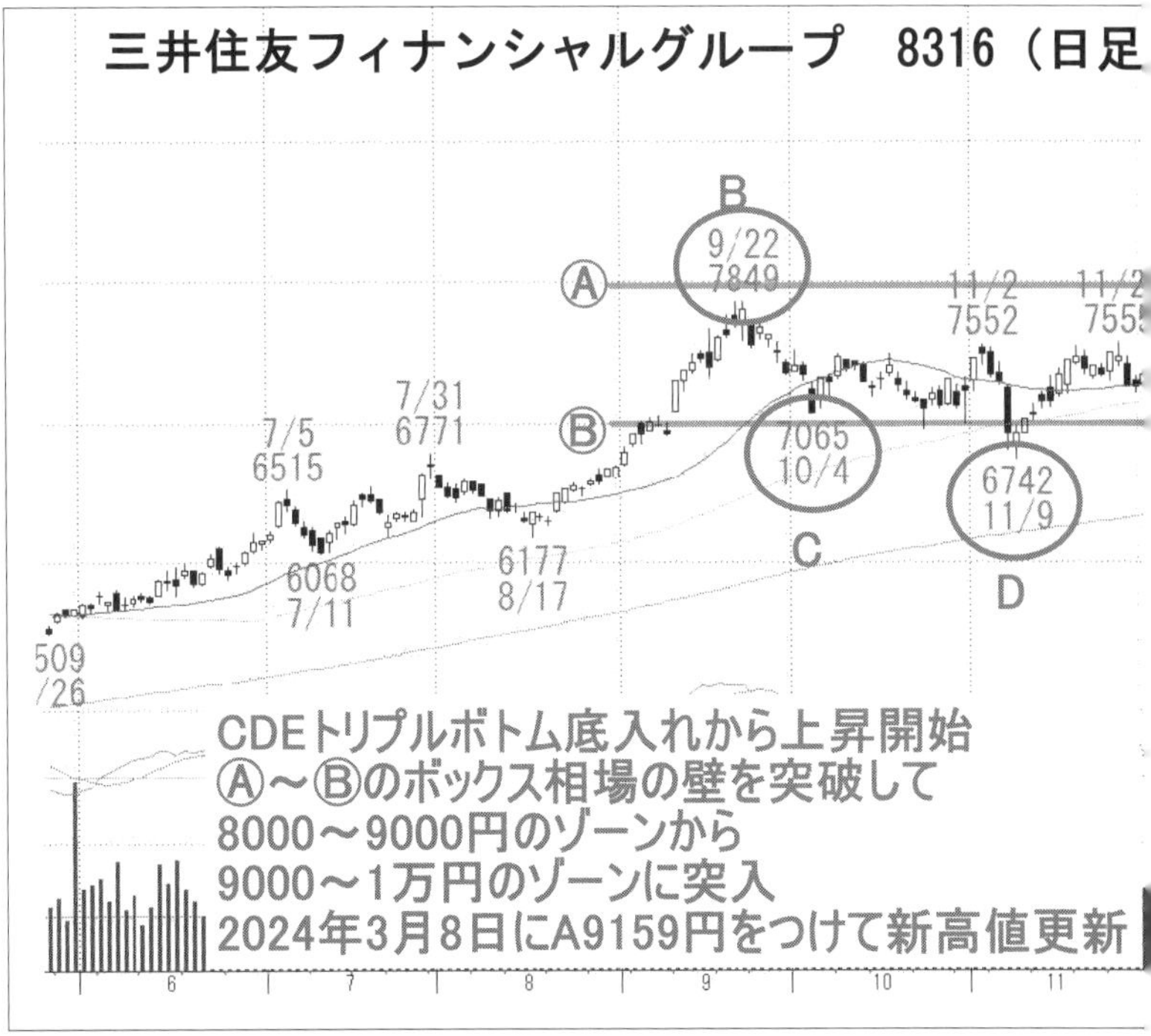
三井住友フィナンシャルグループ　8316（日足
B
9/22
7849
Ⓐ
Ⓑ
11/2
7552
7/31
6771
7/5
6515
7065
10/4
6742
11/9
C
D
6068
7/11
6177
8/17
509
/26
CDEトリプルボトム底入れから上昇開始
Ⓐ～Ⓑのボックス相場の壁を突破して
8000～9000円のゾーンから
9000～1万円のゾーンに突入
2024年3月8日にA9159円をつけて新高値更新
6
7
8
9
10
11

益の3兆1702億円となり、連結業務純益は前年比1236億円増益の1兆2764億円。経常利益は前年比1203億円増益の1兆1609億円。

　中核的自己資本を表す普通株式等Tier1比率は14・02%、総自己資本比率は15・98%といずれもBISの基準を大幅に上回る水準を維持している。

　株価は3月8日に9159円をつけて新高値を更新した。

8411

みずほフィナンシャルグループ

東証 PRM

銀行業

ポイント

①ＰＢＲ０・８倍、配当利回り３・34％。大手都市銀行では一番利回りが高い

②新ＮＩＳＡ銘柄の本命株のひとつ

2024年3月8日現在

A
3/8
3155
B
2/5
2799
2626.5
2/9
2293.5
12/20
E
O 3050
H 3155
L 3027
C 3150
△151.5
36524.7
3000円
2800円
2600円
2400円
2200円
10%
GCV
-10%
500万
12
24
1
2
3

大手銀行持株会社であるみずほフィナンシャルグループを親会社とするみずほ銀行、みずほ信託銀行、みずほ証券などの金融関係の企業からなる企業グループ。

総資産・預金量・時価総額などの点で、三菱ＵＦＪ

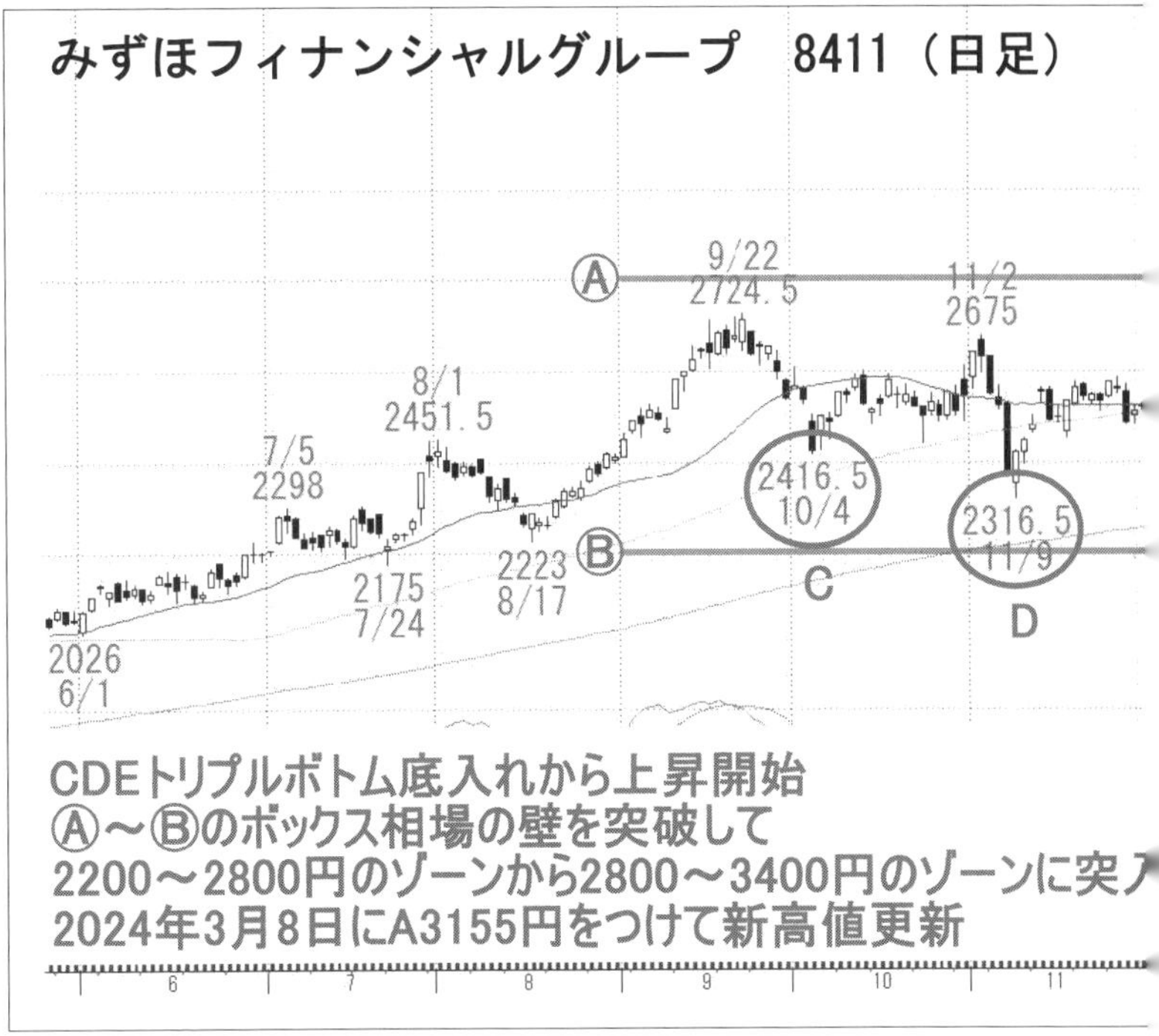
みずほフィナンシャルグループ　8411（日足）
9/22
2724.5
11/2
2675
8/1
2451.5
7/5
2298
2416.5
10/4
2316.5
11/9
2175
7/24
2223
8/17
2026
6/1
C
D
CDEトリプルボトム底入れから上昇開始
Ⓐ～Ⓑのボックス相場の壁を突破して
2200～2800円のゾーンから2800～3400円のゾーンに突入
2024年3月8日にA3155円をつけて新高値更新
6
7
8
9
10
11

フィナンシャル・グループ、三井住友フィナンシャルグループに次ぐ日本第3位の金融グループ。

各事業子会社を通じて銀行・信託・証券・資産運用・クレジットカードなどの業務を提供しており、法人融資先は上場企業の約7割、個人預金口座数は2400万口座に上り、総資産は237兆円に達する。

2026年度末までにAIなどを使った業務効率化を実施予定。

8766

東京海上ホールディングス

東証 PRM

保険業

ポイント

①2・68％と高い配当に加えて、直近政策保有株売却で財務内容改善

②金融関連のトップ企業で新NISA銘柄の本命株のひとつ

2024年3月8日現在

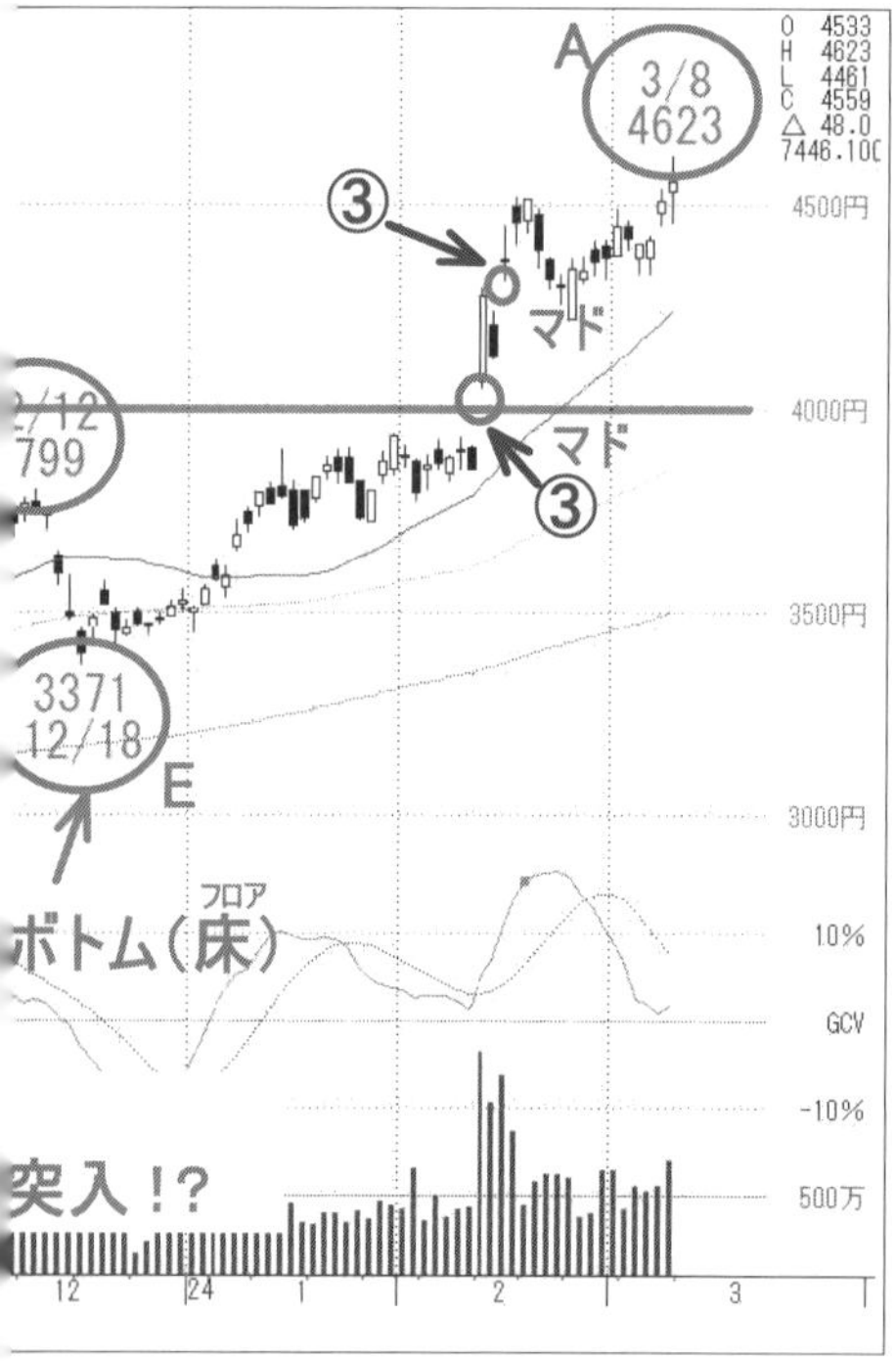
A
3/8
4623
O 4533
H 4623
L 4461
C 4559
△ 48.0
7446.100
4500円
③
マド
4000円
マド
③
3500円
3371
12/18
E
3000円
ボトム(床《フロア》)
10%
GCV
-10%
突入!?
500万
12
24
1
2
3

　東京海上日動火災保険などを傘下に置く保険持株会社。

　2023年現在、総資産、正味収入保険料、純利益において国内最大の損害保険グループ。MS&ADインシュアランスグループホー

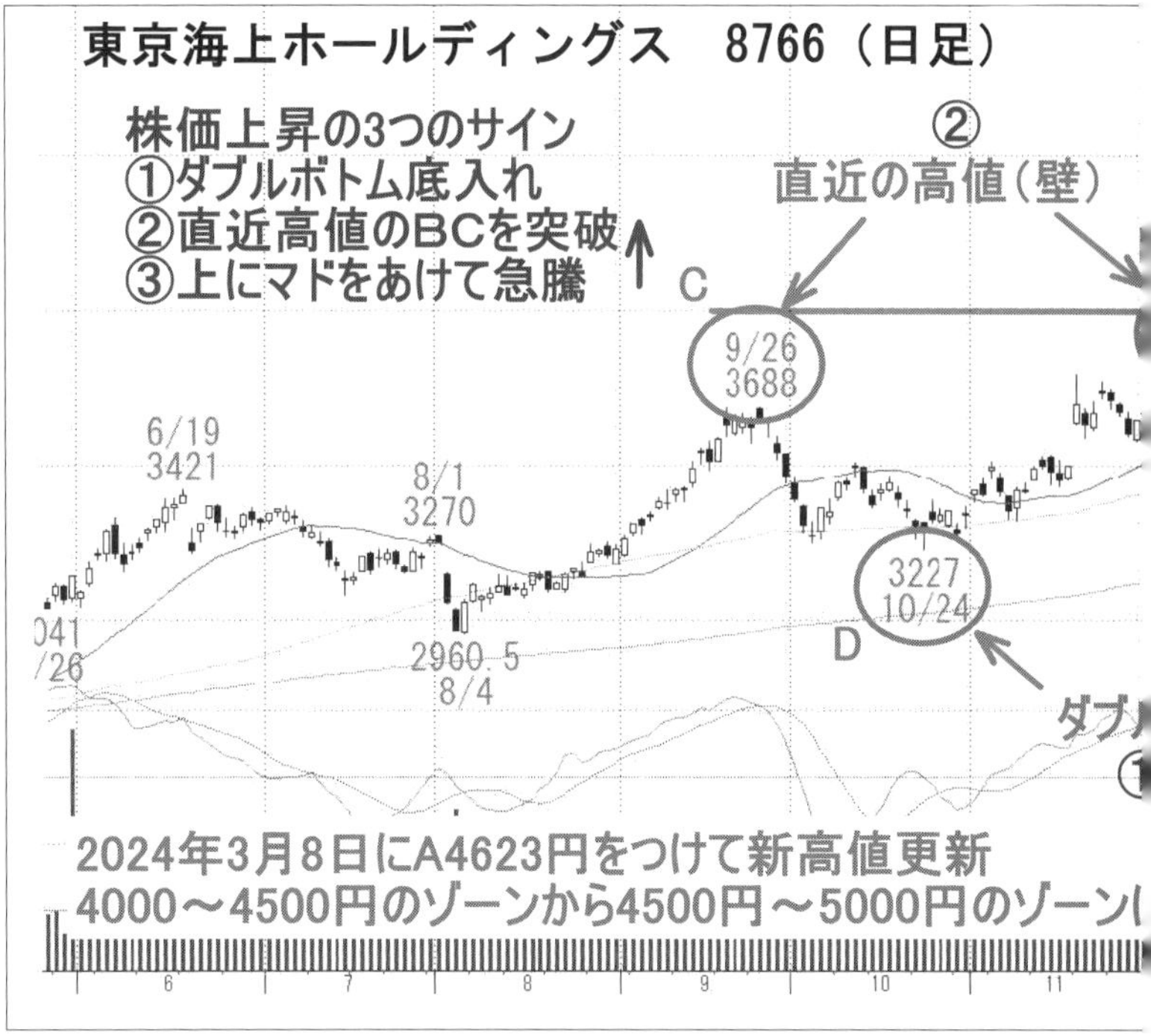
東京海上ホールディングス　8766（日足）
株価上昇の3つのサイン
①ダブルボトム底入れ
②直近高値のBCを突破
③上にマドをあけて急騰
②
直近の高値（壁）
C
9/26
3688
6/19
3421
8/1
3270
3227
10/24
D
2960.5
8/4
2024年3月8日にA4623円をつけて新高値更新
4000～4500円のゾーンから4500円～5000円のゾーン
6
7
8
9
10
11

ルディングス、SOMPOホールディングスと並ぶ、「3メガ損保」の一角を占める。

国内損害保険事業（事業別利益1620億円）、国内生命保険事業（同390億円）、海外保険事業（同3760億円）、金融・その他事業（同50億円）の4つの事業ドメインで広く世界中で事業を展開している。

株価は直近2回マドをあけて上昇。新高値を更新。

1514

住石ホールディングス

東京 STD

鉱業

ポイント

①住友石炭鉱業が母体。オーストラリアなど海外からの輸入炭が主力

②直近大株主の麻生による株買い増しという思惑で株価は急上昇

2024年3月8日現在

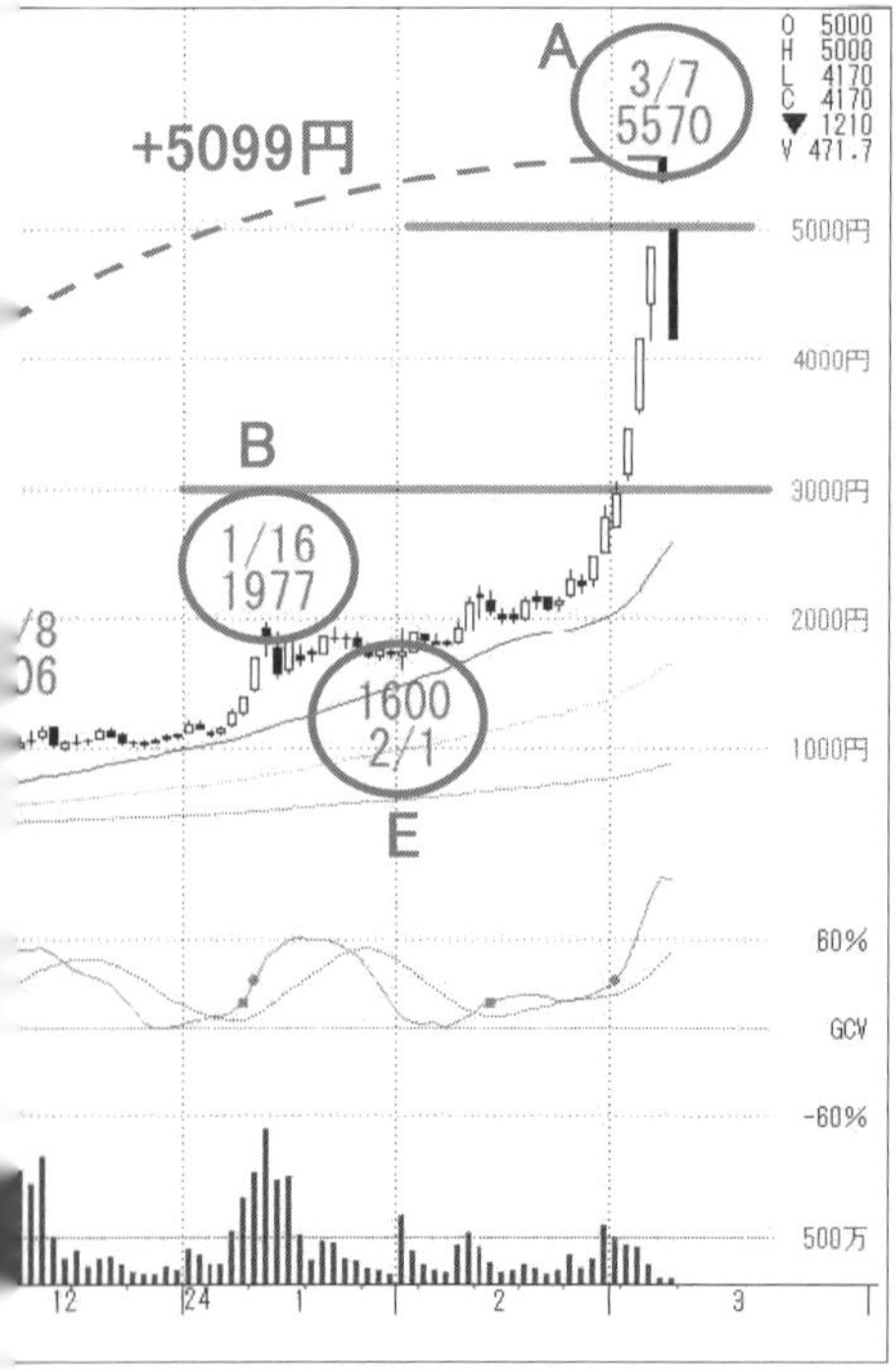

A
3/7
5570
+5099円
O 5000
H 5000
L 4170
C 4170
▼ 1210
V 471.7
5000円
4000円
B
3000円
1/16
1977
2000円
1600
2/1
1000円
E
60%
GCV
-60%
500万
12
24
1
2
3

住友石炭鉱業（現・住石マテリアルズ）の持株会社として2008年に設立された純粋持株会社。

住友グループの鉱業事業に係る子会社5社と関連会社4社を擁し、これらの企業を統括する。統括事業と

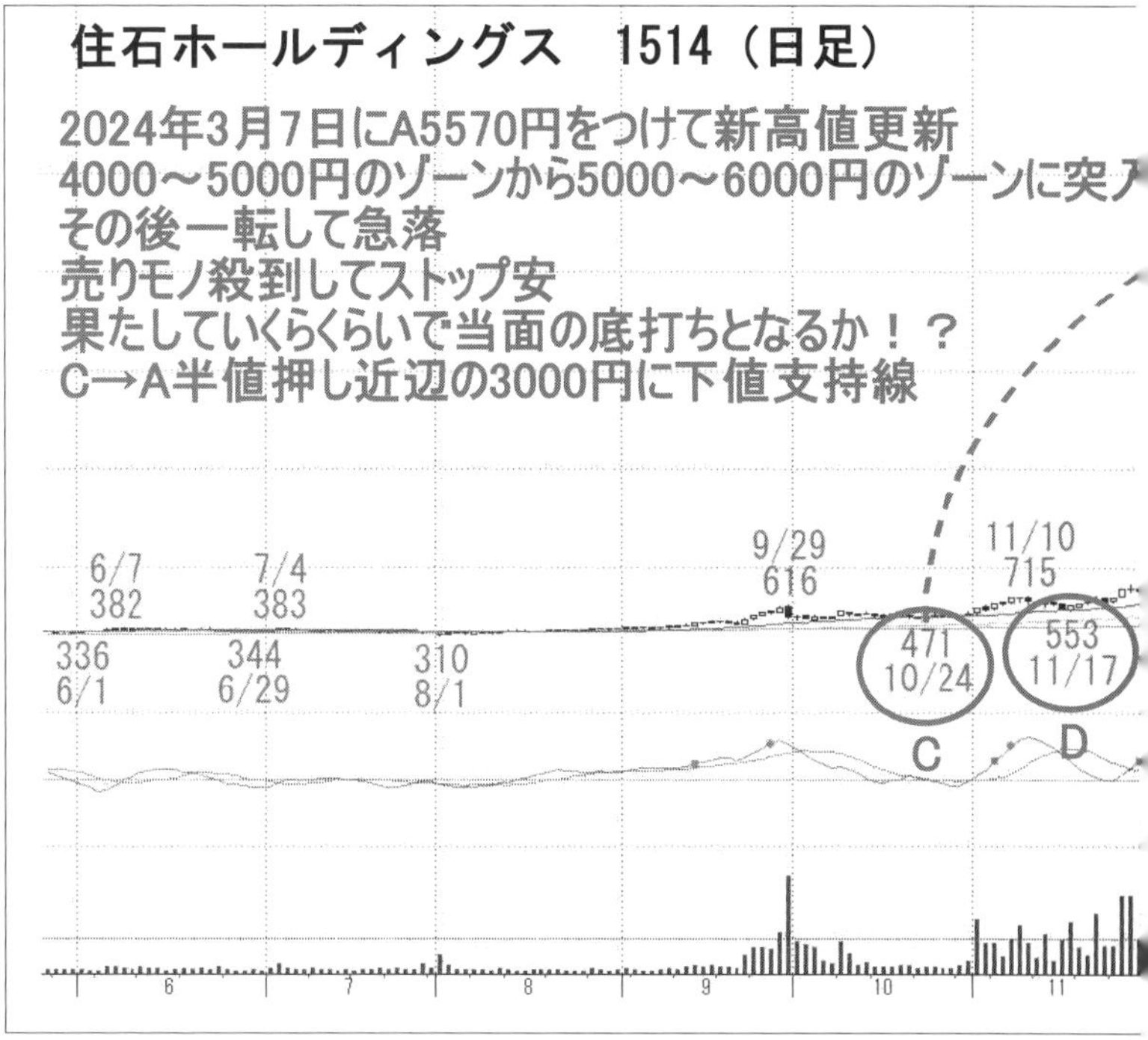
住石ホールディングス　1514（日足）
2024年3月7日にA5570円をつけて新高値更新
4000～5000円のゾーンから5000～6000円のゾーンに突
その後一転して急落
売りモノ殺到してストップ安
果たしていくらくらいで当面の底打ちとなるか！？
C→A半値押し近辺の3000円に下値支持線
6/7
382
7/4
383
9/29
616
11/10
715
336
6/1
344
6/29
310
8/1
471
10/24
553
11/17
C
D
6
7
8
9
10
11

して石炭、先端素材、採石の３事業を構成している。

住石グループは、石炭の輸入販売のほか、人工ダイヤ等の先端素材の製造販売、砕石の採取、加工、販売の３事業を展開するとともに海外石炭会社等への投資を行っている。

日経平均が４万円を超えた３月４日以来、連日ストップ高と株価急騰。トランプ氏の大統領再選シナリオを見据えて、石炭関連に資金が流入との見方もある。

2024年3月8日現在

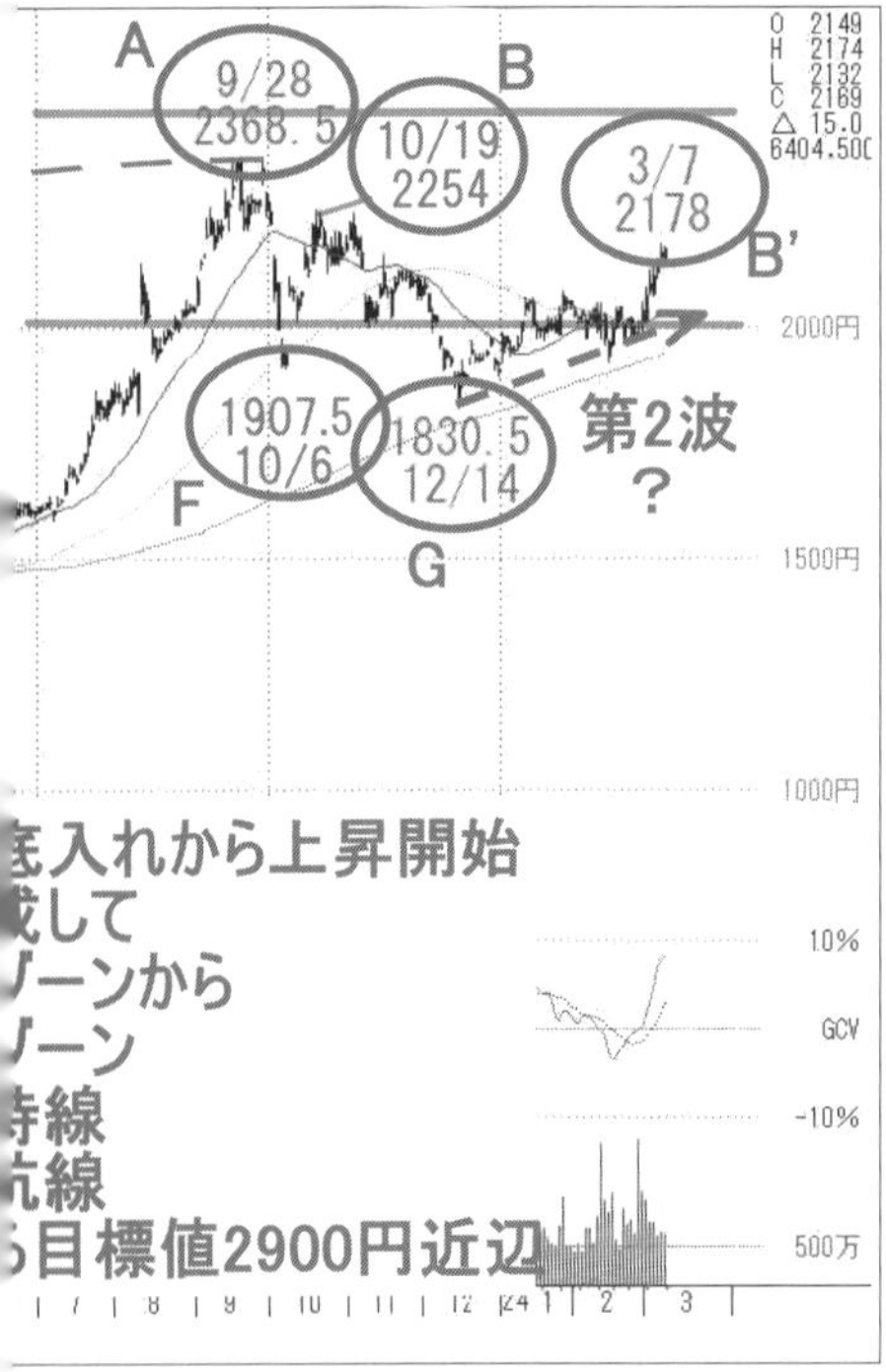
O 2149
H 2174
L 2132
C 2169
△ 15.0
6404.500
A
9/28
2368.5
B
10/19
2254
3/7
2178
B'
2000円
1907.5
10/6
1830.5
12/14
第2波
？
F
G
1500円
1000円
底入れから上昇開始
越して
ゾーンから
ゾーン
持線
抗線
ら目標値2900円近辺
10%
GCV
-10%
500万

1605 INPEX

東証PRM

鉱業

ポイント

①石油天然ガス開発生産などが主力。新NISA銘柄の注目株のひとつ

②配当利回りが3・52％と高いのも魅力

2021年に国際石油開発帝石株式会社から「2050 ネットゼロカーボン社会に向けて」INPEXに社名を変更。国内海外を問わず石油・天然ガス等の権益を多数持つ国内最大手の石油開発企業。探鉱・開

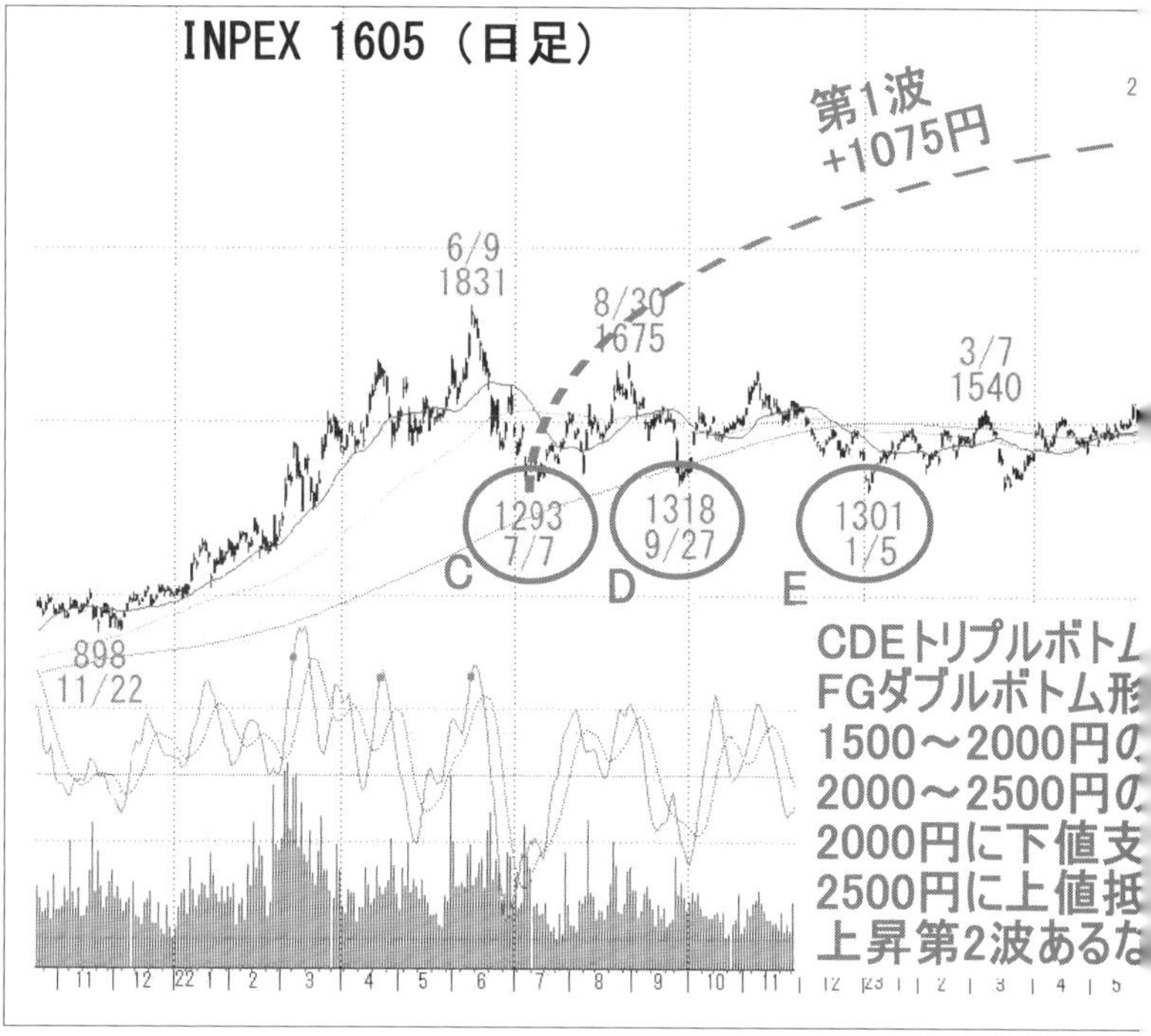
INPEX 1605（日足）
第1波
+1075円
6/9
1831
8/30
1675
3/7
1540
1293
7/7
1318
9/27
1301
1/5
C
D
E
898
11/22
CDEトリプルボトム
FGダブルボトム形
1500～2000円の
2000～2500円の
2000円に下値支
2500円に上値抵
上昇第2波あるな

発・生産プロジェクトあわせて世界20数カ国でプロジェクトを展開。２０２０年にはフォーブス・グローバル２０００にて世界で５９７番目に大きな株式会社とされた。

気候変動に対応して、再生可能エネルギー事業への参入を加速。長期的にポートフォリオの１割を再生可能エネルギー事業とすることを目指す。

資源価格に業績が左右されるが、株価は上昇基調。

2107

東洋精糖

東証 STD

食料品

ポイント

①砂糖価格の上昇などで業績好調が続く。商社の丸紅が39・3％の筆頭株主

②配当利回り4・55％と高配当。新NISA銘柄で人気上昇中

2024年3月8日現在

O 2503
H 2574
L 2503
C 2533
△ 30
V 48.1
A
2/20
2739
+989円
1/25
2328
2450
3/5
E
1920
12/18
D
2500円
2000円
1500円
30%
GCV
-30%
5万
12
24
1
2
3

「みつ花印」ブランドで有名な砂糖メーカー。創業は1949年で、古くからの東京証券取引所1部上場会社。

　もともと丸紅の系列だが、三菱商事系列の塩水港精糖と双日系列のフジ日本精糖

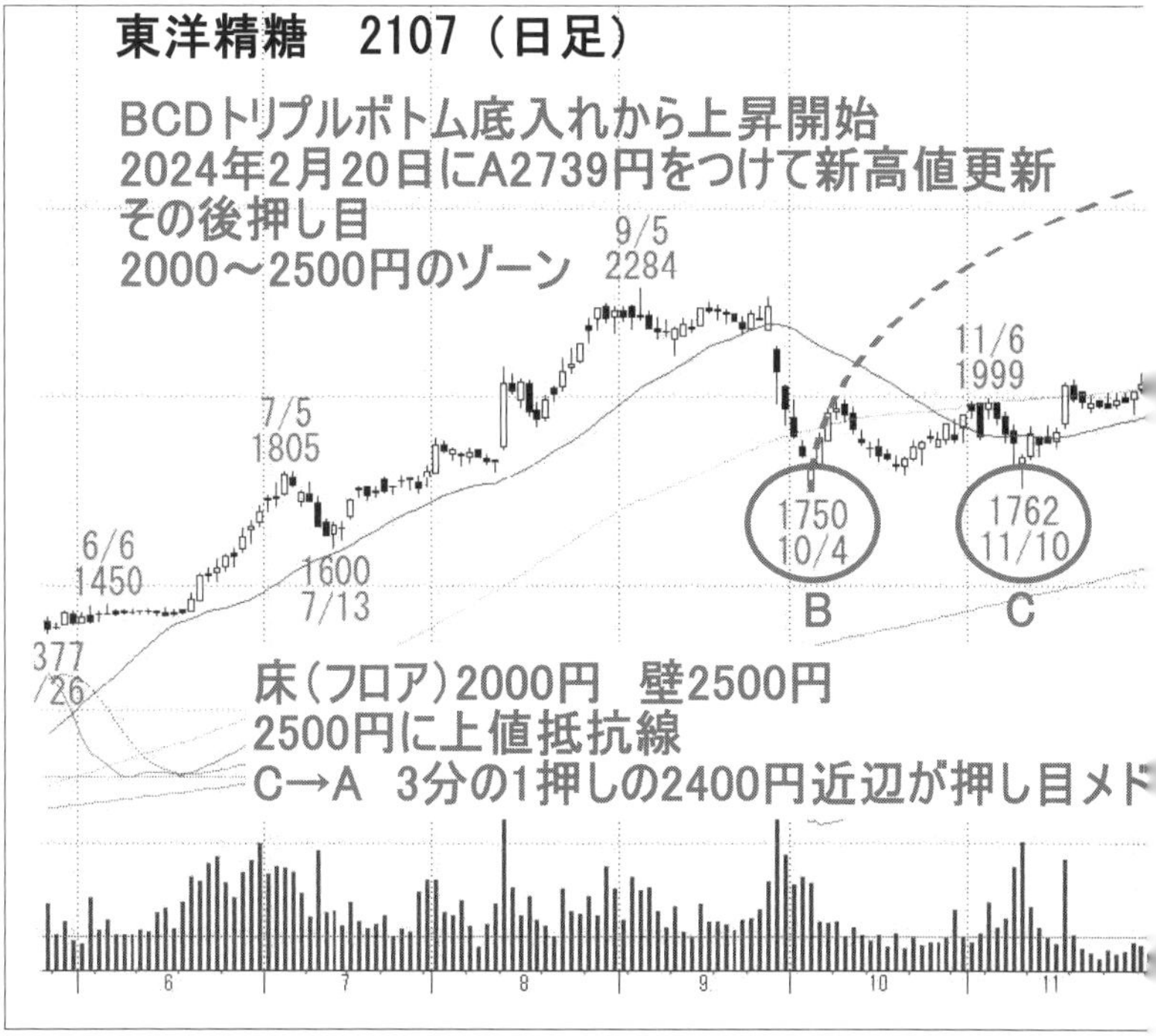
東洋精糖　2107（日足）
BCDトリプルボトム底入れから上昇開始
2024年2月20日にA2739円をつけて新高値更新
その後押し目
2000～2500円のゾーン
9/5
2284
7/5
1805
11/6
1999
6/6
1450
1600
7/13
1750
10/4
1762
11/10
B
C
床（フロア）2000円　壁2500円
2500円に上値抵抗線
C→A　3分の1押しの2400円近辺が押し目メド
6
7
8
9
10
11

と、系列を超え共同で太平洋製糖を設立し製造業務の委託を行っている。

健康食品・飲料や化粧品原料などにも幅広く利用されるルチン、ヘスペリジン等の機能素材の製造・販売に取り組む。売上構成は砂糖事業が9割、機能素材事業が約1割。

株価は2月20日に2739円をつけて新高値更新。その後押し目。2000円～2500円のゾーン突破はあるか。

2768

双日

東証 PRM

卸売業

ポイント

①双日には割安感。ＰＢＲも１・１倍と低く、配当利回りは３・41％と高い

②株価は上昇トレンドで新ＮＩＳＡ銘柄の注目株。防衛関連でもある

2024年3月8日現在

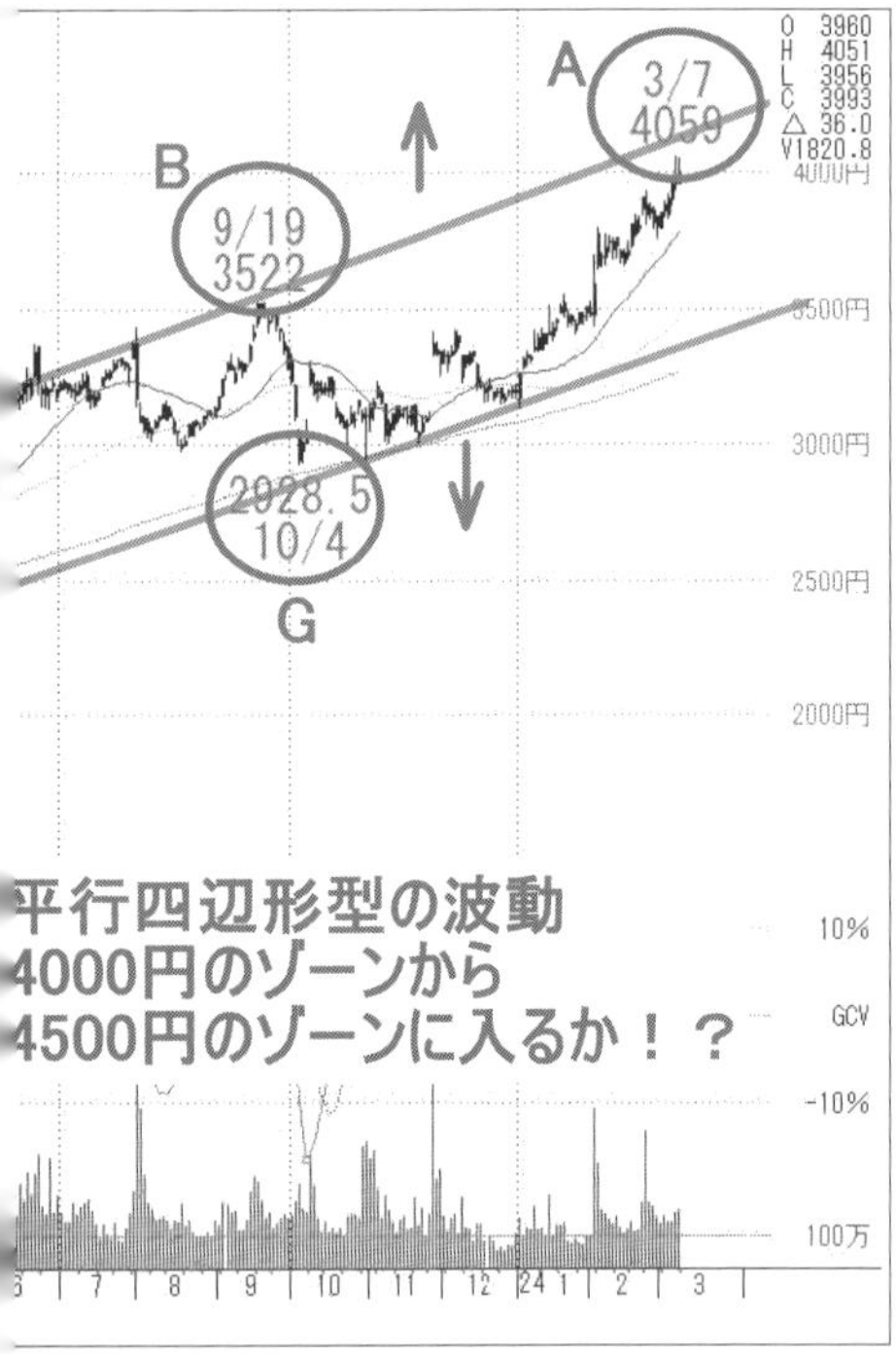
O 3960
H 4051
L 3956
C 3993
△ 36.0
V1820.8
4000円
A
3/7
4059
B
9/19
3522
3500円
3000円
2028.5
10/4
G
2500円
2000円
平行四辺形型の波動
4000円のゾーンから
4500円のゾーンに入るか！？
10%
GCV
-10%
100万
7
8
9
10
11
12
24 1
2
3

双日は７大総合商社のひとつに数えられる日本を代表する総合商社。自動車から飛行機、産業用機械、金属・エネルギーなど、事業の幅が広いだけに、双日エアロスペースや双日プラネットなど多くの子会社が存

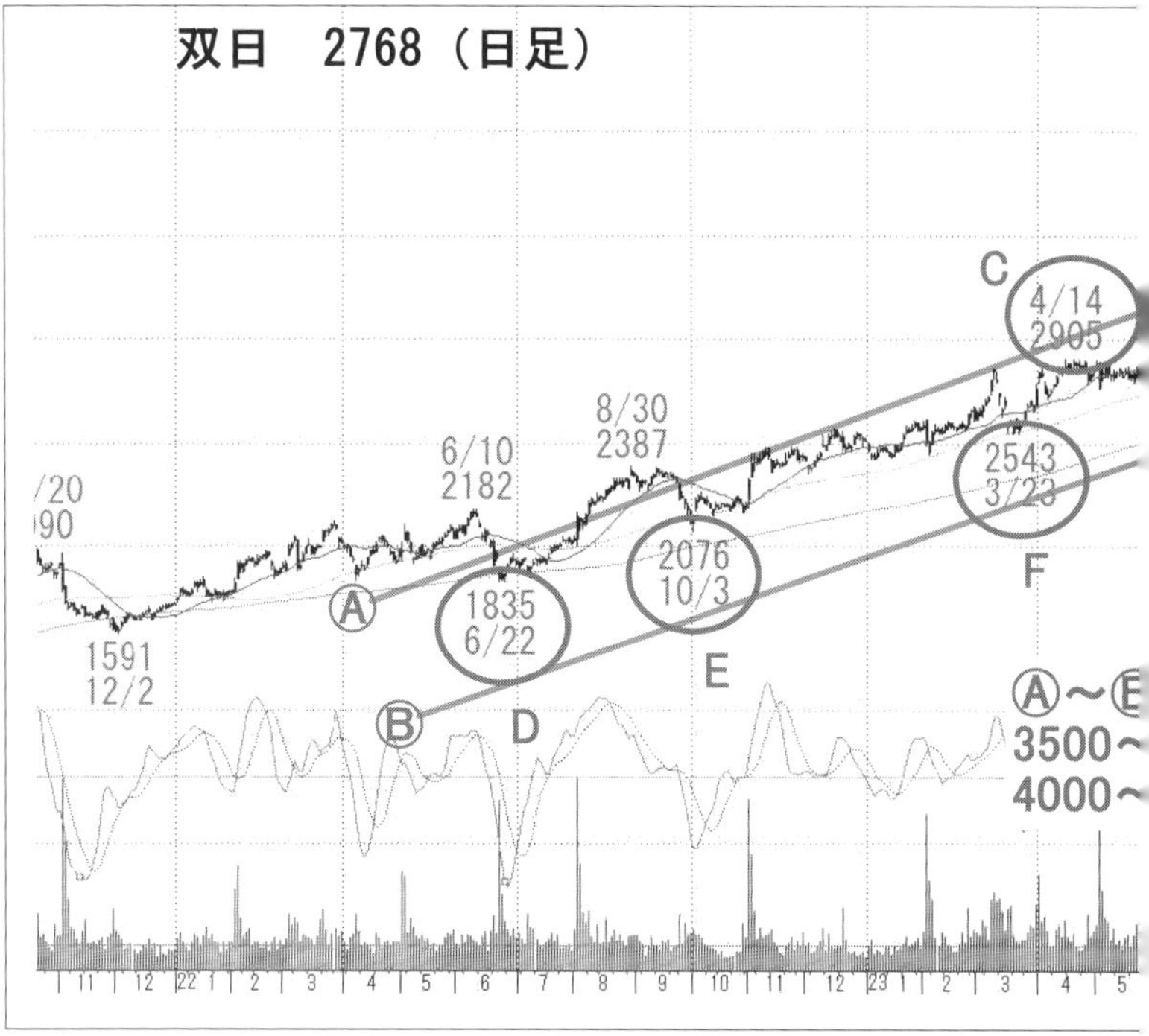
双日　2768（日足）
/20
90
6/10
2182
8/30
2387
C
4/14
2905
2543
3/23
F
1835
6/22
2076
10/3
E
1591
12/2
Ⓐ
Ⓑ
D
Ⓐ～Ⓔ
3500～
4000～

在する。

双日グループは、ニチメン株式会社と日商岩井株式会社の両社が、２００４年４月に合併して誕生した。両社は、開国、明治・大正期の産業革命、戦後復興、高度成長といった近代日本の発展の過程で大きな役割を果たしてきた日本綿花、岩井商店・鈴木商店を源流とする。

株価は平行四辺形の波動で上昇中。４０００円～４５００円のゾーンに入るか。

3778

さくらインターネット

東証 PRM

情報・通信

ポイント

①政府共通基盤のガバメントクラウド提供事業者に国内企業で初選定

②AI関連株として注目のトップ企業

2024年3月8日現在

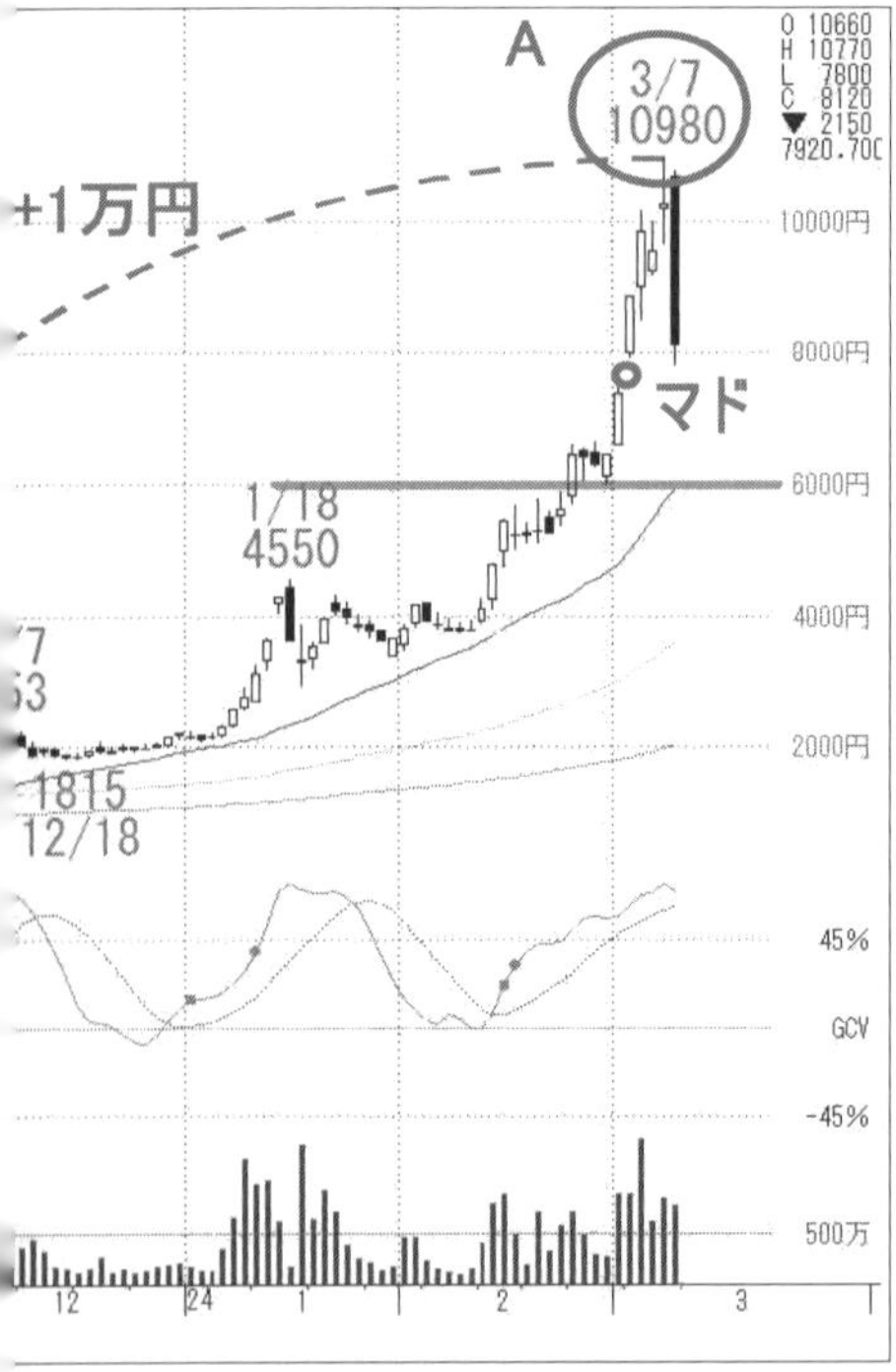

A
3/7
10980
O 10660
H 10770
L 7800
C 8120
▼ 2150
7920.700
+1万円
10000円
8000円
マド
6000円
1/18
4550
4000円
2000円
1815
12/18
45%
GCV
-45%
500万
12
24
1
2
3

ホスティングサーバーを中心とするデータセンター事業およびインターネットサービス事業が中心。

インターネット黎明期からホスティングサーバーの提供を行っており、日本最大手でもある。一般向けか

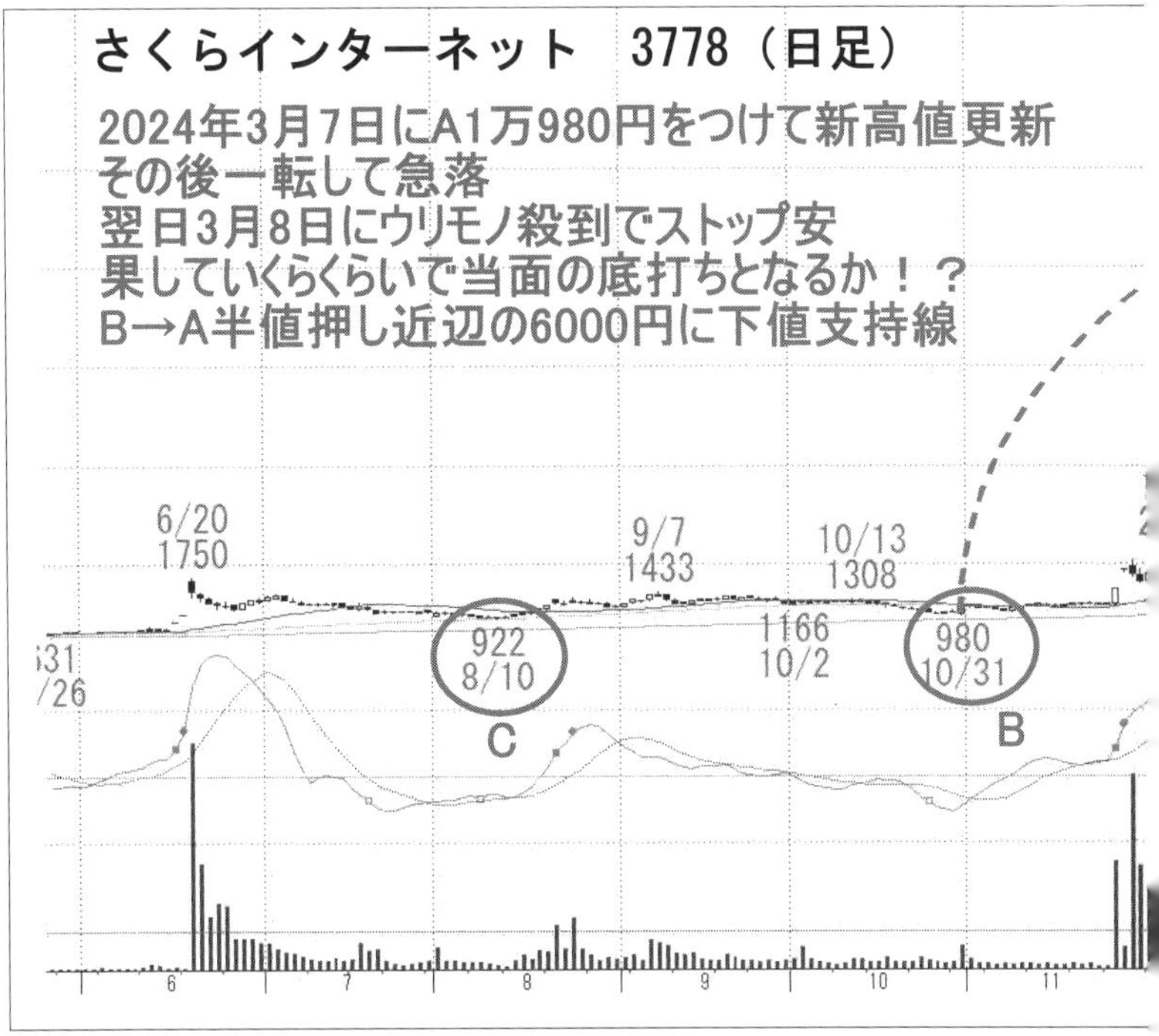
さくらインターネット　3778（日足）
2024年3月7日にA1万980円をつけて新高値更新
その後一転して急落
翌日3月8日にウリモノ殺到でストップ安
果していくらくらいで当面の底打ちとなるか！？
B→A半値押し近辺の6000円に下値支持線
6/20
1750
9/7
1433
10/13
1308
922
8/10
C
1166
10/2
980
10/31
B
6
7
8
9
10
11

ら事業者向けまで幅広くレンタルサーバーなど、クラウドコンピューティングサービスを提供している。

生成ＡＩが世界的に注目されるなか、その中心的存在であるエヌビディアのコアエンジンを使用した生成ＡＩ向けクラウドサービスをこの1月から開始。

生成ＡＩのけん引役として注目され、株価が急騰したがその後急落。

６０００円近辺に下位支持線。

4011

ヘッドウォータース

東証 GRT

情報・通信

ポイント

①AIソリューション事業で急成長

②AI関連大化け期待の銘柄

2024年3月8日現在

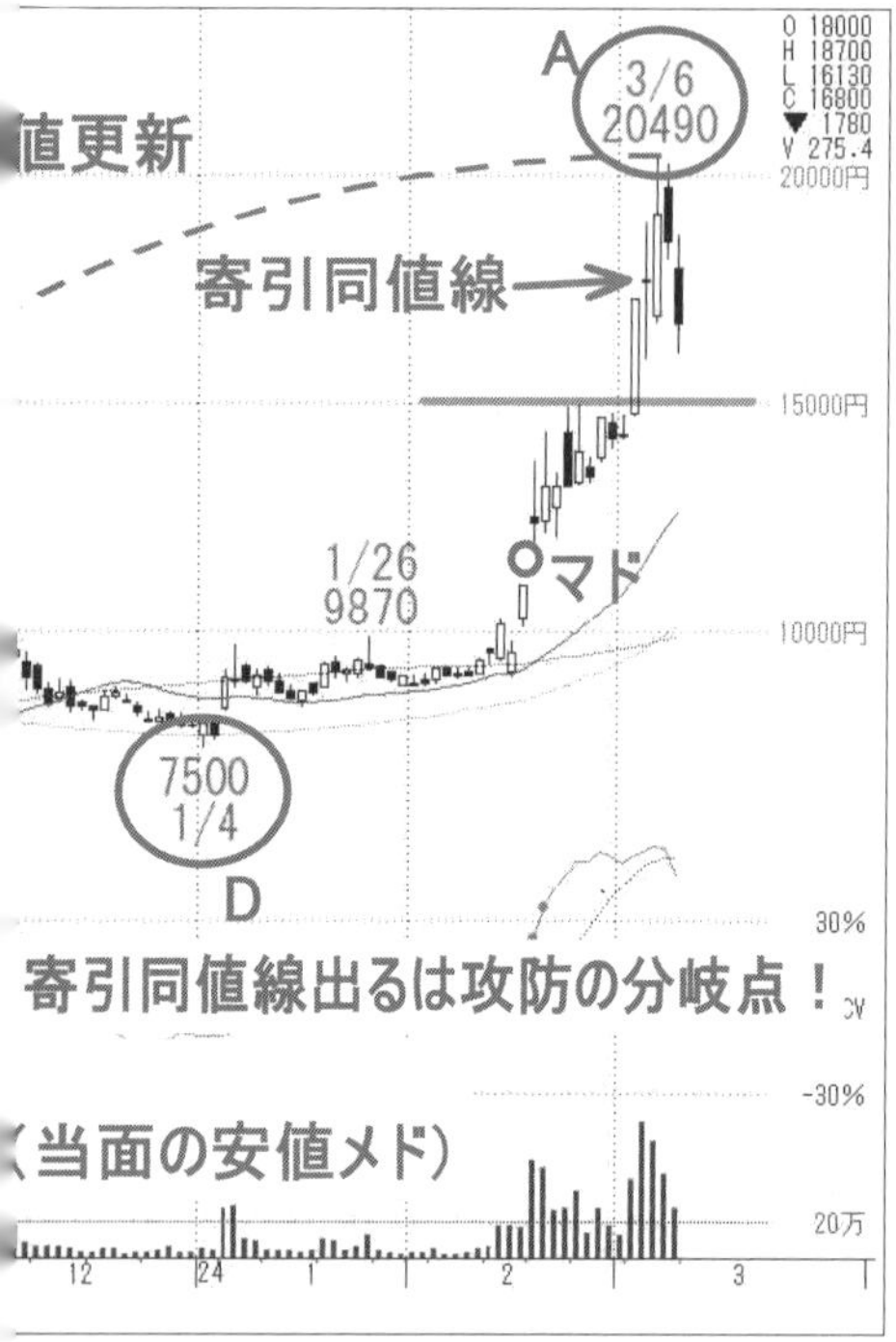

A
3/6
20490
O 18000
H 18700
L 16130
C 16800
▼ 1780
V 275.4
20000円
値更新
寄引同値線
15000円
1/26
9870
○マド
10000円
7500
1/4
D
30%
寄引同値線出るは攻防の分岐点！
-30%
（当面の安値メド）
20万
12
24
1
2
3

ヘッドウォータースの事業内容はまさにいま旬の「AIソリューション事業」。顧客の業務内容を分析して、既存の業務にAIを組み込んで運用するところまでをワンストップで行っている。他にも、ロボット

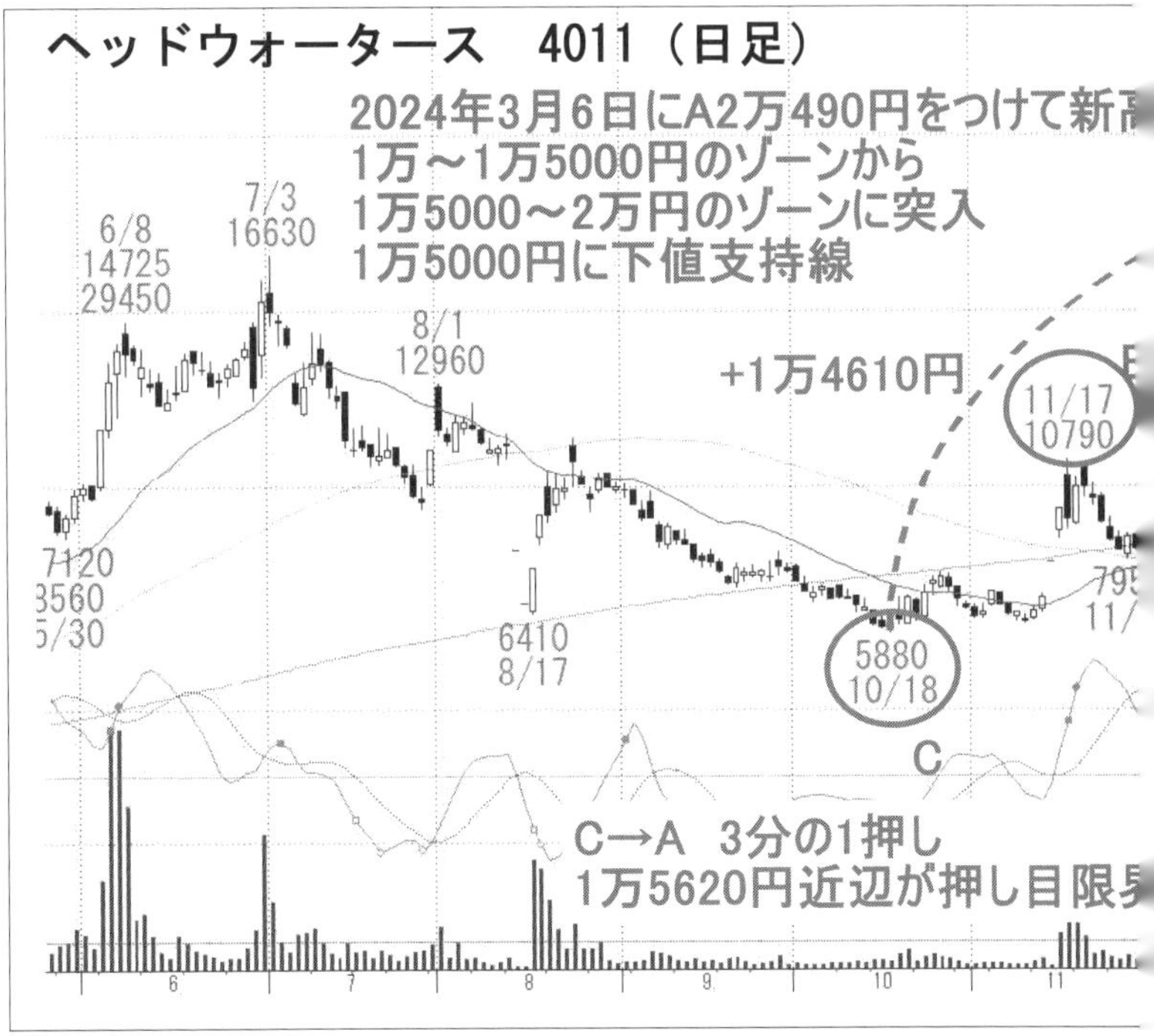
ヘッドウォーターズ　4011（日足）
2024年3月6日にA2万490円をつけて新
1万～1万5000円のゾーンから
1万5000～2万円のゾーンに突入
1万5000円に下値支持線
6/8
14725
29450
7/3
16630
8/1
12960
+1万4610円
11/17
10790
7120
3560
5/30
6410
8/17
5880
10/18
C
C→A　3分の1押し
1万5620円近辺が押し目限
6
7
8
9
10
11

（ペッパーなど）アプリの企画・開発なども手掛ける。

マイクロソフトやエヌビディアなどとのアライアンス戦略で注目の銘柄。

事業テーマ的に人気化する可能性が極めて高く、豊富な買い需要が期待できる。加えて、公開株数が極めて少ないので、総合的な需給を考えると、株価が高騰しやすいと予想される。

株価は3月6日に2万490円をつけて新高値を更新。

5591

AVILEN

東証 GRT

情報・通信

ポイント

①ニューIPO銘柄、最近上場したばかり。法人向けAI支援で高成長

②未知の魅力の大化け期待銘柄

2024年3月8日現在

A
3/7
4240
+2220円
B
1/9
2860
マド
マド
C
2123
12/15
2020
2/15
F'
F
O 3510
H 3560
L 2982
C 3150
▼ 460
V 690.4
4000円
3500円
3000円
2500円
2000円
30%
GCV
-30%
50万
12
24
1
2
3

ＡＩソリューションを提供する企業。データ活用できる組織の構築とＡＩ技術の企画・開発・導入を支援。ＡＩ人材育成支援のビルドアップパッケージを企業向けに展開。６６０社以上の支援実績を持つ。ソフトウ

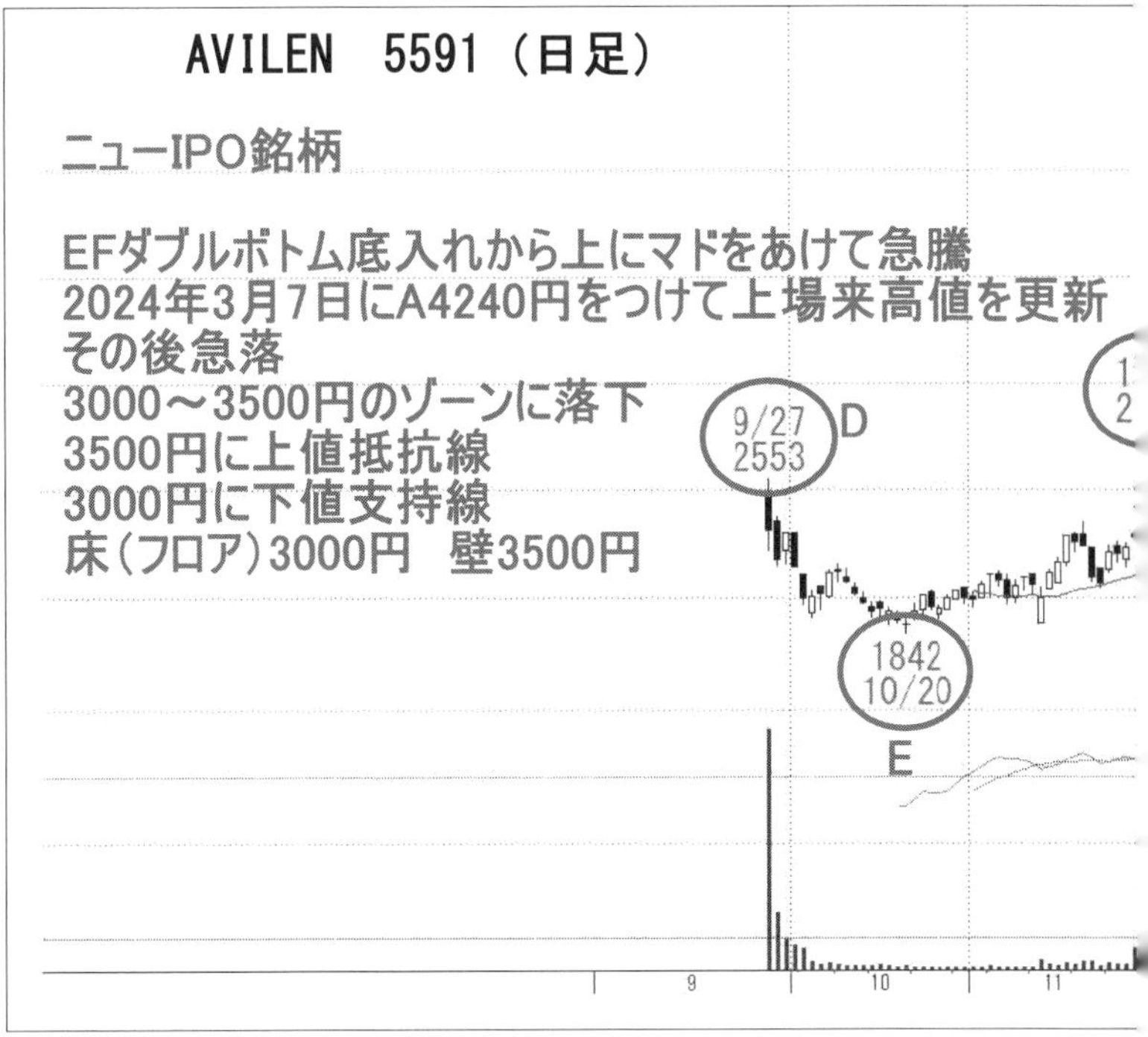
AVILEN　5591（日足）
ニューIPO銘柄
EFダブルボトム底入れから上にマドをあけて急騰
2024年3月7日にA4240円をつけて上場来高値を更新
その後急落
3000～3500円のゾーンに落下
3500円に上値抵抗線
3000円に下値支持線
床（フロア）3000円　壁3500円
9/27
2553
D
1842
10/20
E
9
10
11

ェアでは自社開発した生成AIをはじめとする技術コアモジュールの「AVILEN AI」で高い評価を獲得。

最近注目されているChatGPTの活用支援など、AIの最先端技術をビジネスに活用するサービスを提供。

3月7日には4240円をつけて上場来高値を更新するもその後急落。3000円に下値支持線。

5871

SOLIZE

東証 STD

サービス業

ポイント

①ニューIPO銘柄。3D技術に強みを持つ大化け銘柄のひとつ

②未知の魅力の大化け期待銘柄

2024年3月8日現在

O 3480
H 3550
L 3320
C 3360
▼ 110
V 165.4
A
2/21
4900
+2889円
攻防の分岐点
2011
2/7
B
4500円
4000円
3500円
3000円
2500円
10%
GCV
-10%
100万
2
3

約30年の歴史を持ち、3Dプリンターを日本で最初に導入したデジタルエンジニアリング会社。エンジニアの派遣・請負による設計支援、3Dプリンターによる試作/最終製品の製作、および製品開発を革新する

SOLIZE　5871（日足）
ニューIPO銘柄
2024年2月21日にA4900円をつけて
上場来高値を更新
その後押し目
B→A半値押しの3500円近辺が
攻防の分岐点　上か下か

コンサルティングを行っている。グループは同社および海外子会社３社で構成。

　３ＤのＣＡＤ設計解析およびモデルベース開発、３Ｄプリンティング、そして製品開発における変革推進コンサルティングの領域において、事業を拡大し成長を遂げてきた。

　２０２４年2月7日に東証スタンダードにＩＰＯしたばかり。2月21日に４９００円をつけて高値更新するもその後押し目。

7014

名村造船所

東証 STD

輸送用機器

ポイント

①円安効果で業績絶好調。２０２４年３月期は新造船堅調が続き連続増益

②海運市況の好調によりますます業績期待が高まる

2024年3月8日現在

O 2060
H 2175
L 2025
C 2096
△ 53
V9480.6
A'
3/5
2361
A
1/23
1546
B
12/25
1429
1062
1/10
F
1281
2/6
G
マド
2000円
1500円
1000円
500円
30%
GCV
-30%
500万
12
24
1
2
3

いわゆる「中手」造船所のひとつであり、主力とする新造船事業においてはケープサイズバルクキャリア、マラッカマックス型超大型油送船など、3万トンから30万トンまでの大型船舶を主に建造している。

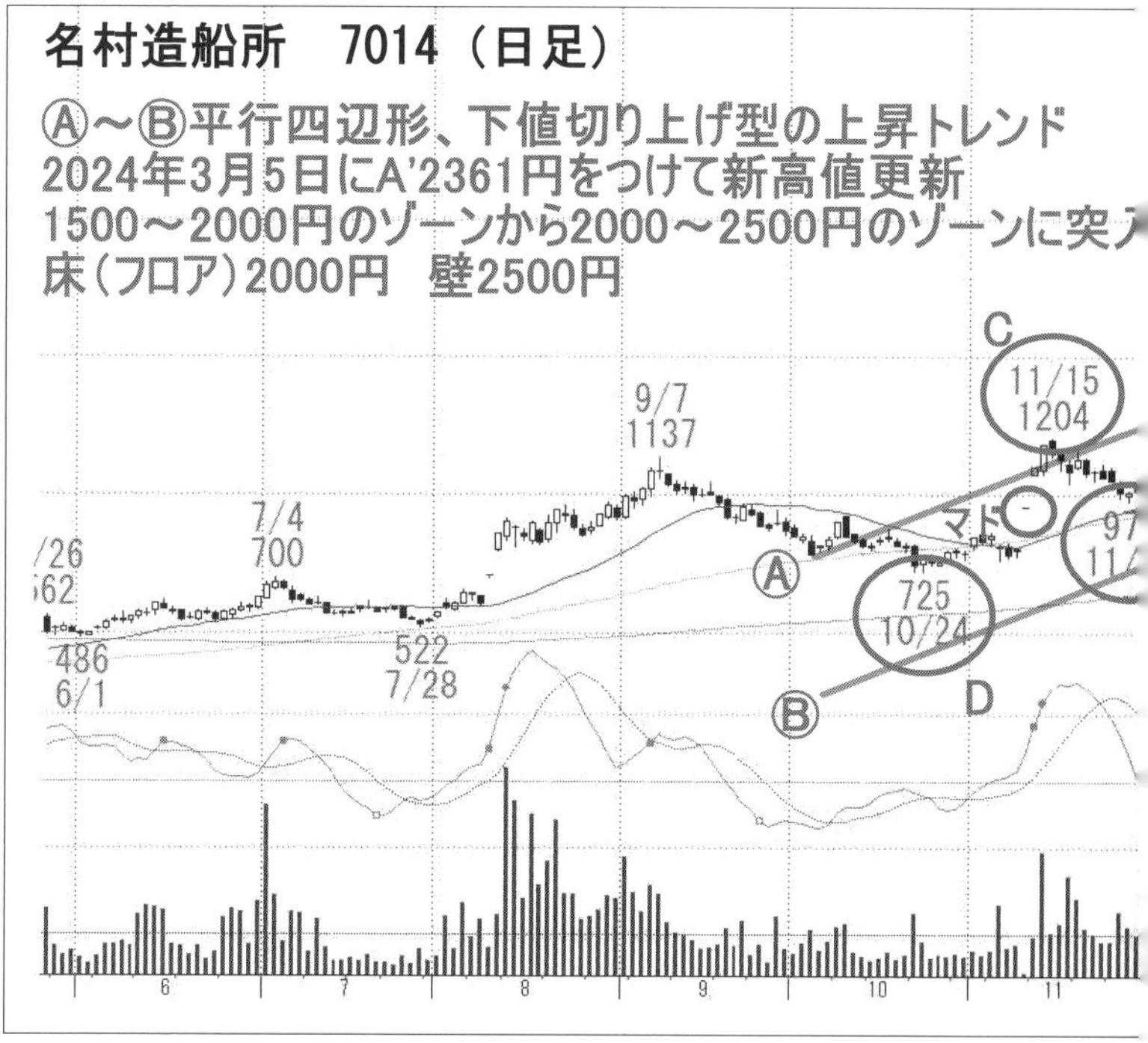
名村造船所　7014（日足）
Ⓐ～Ⓑ平行四辺形、下値切り上げ型の上昇トレンド
2024年3月5日にA'2361円をつけて新高値更新
1500～2000円のゾーンから2000～2500円のゾーンに突入
床（フロア）2000円　壁2500円
C
11/15
1204
9/7
1137
7/4
700
/26
62
マド
Ⓐ
725
10/24
486
6/1
522
7/28
Ⓑ
D
6
7
8
9
10
11

２０００年代の造船ブームに伴って実施した大型設備投資によって伊万里事業所での竣工量を大きく伸ばし、２００８年に函館どつく、２０１４年には佐世保重工業を子会社化したことにより、新造船事業における竣工量は今治造船グループ、ジャパンマリンユナイテッドに次ぐ国内3位グループを大島造船所と争う規模となっている。

株価は下値切り上げ型の上昇トレンド。

9107

川崎汽船

東証 PRM

海運業

ポイント

①円安、脱デフレ、資産インフレ関連の本命株

②配当利回り３・６％、ＰＢＲ１・１倍。新ＮＩＳＡ銘柄で注目

2024年3月8日現在

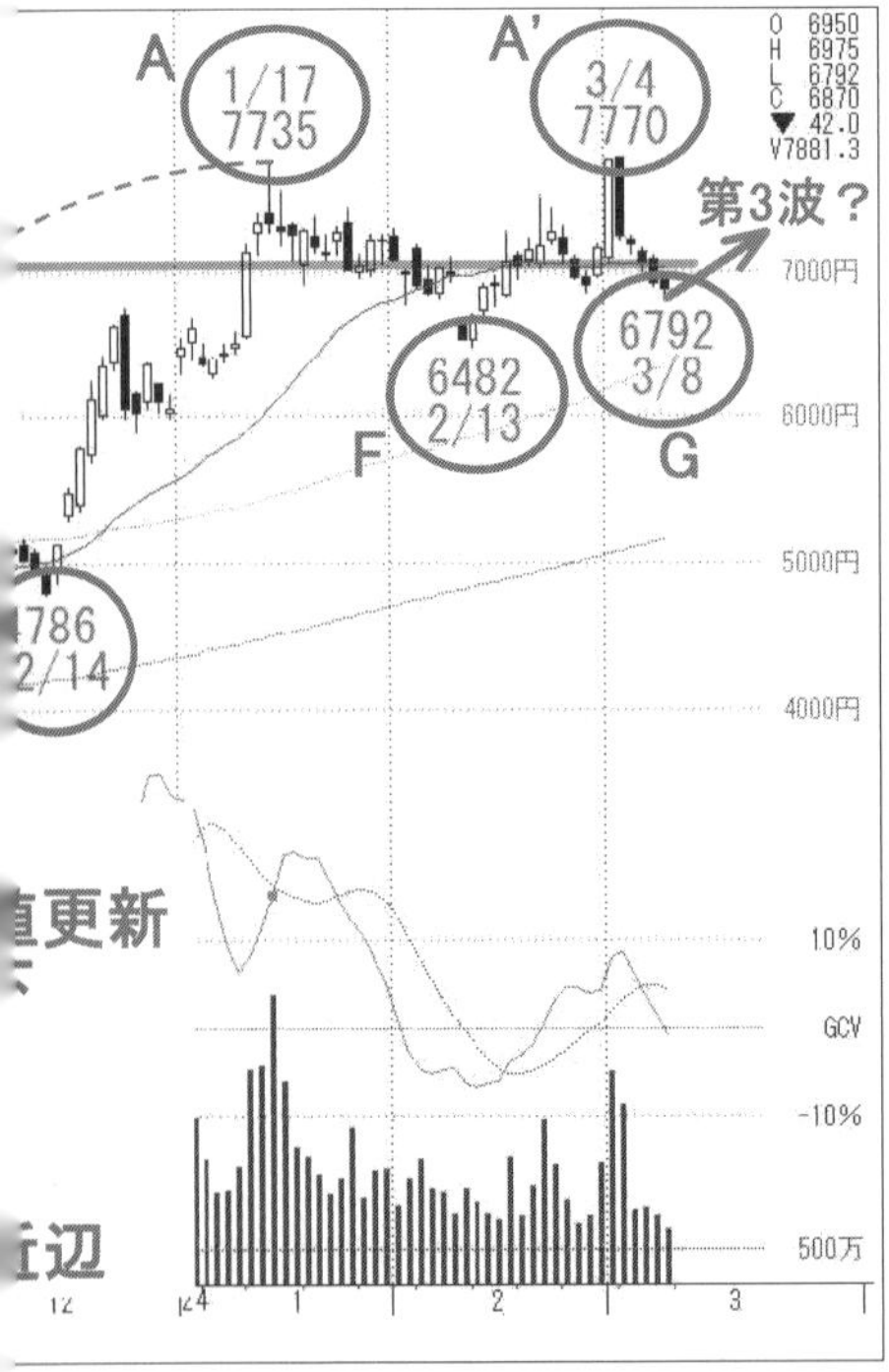

　日本郵船、商船三井に次いで国内第３位の規模を持つ海運大手企業。上位２社と比較するとコンテナ船への依存率が高いとされる。

　このほか、石炭・鉄鉱石などの不定期貨物船、自動車運搬船、ＬＮＧタンカー、

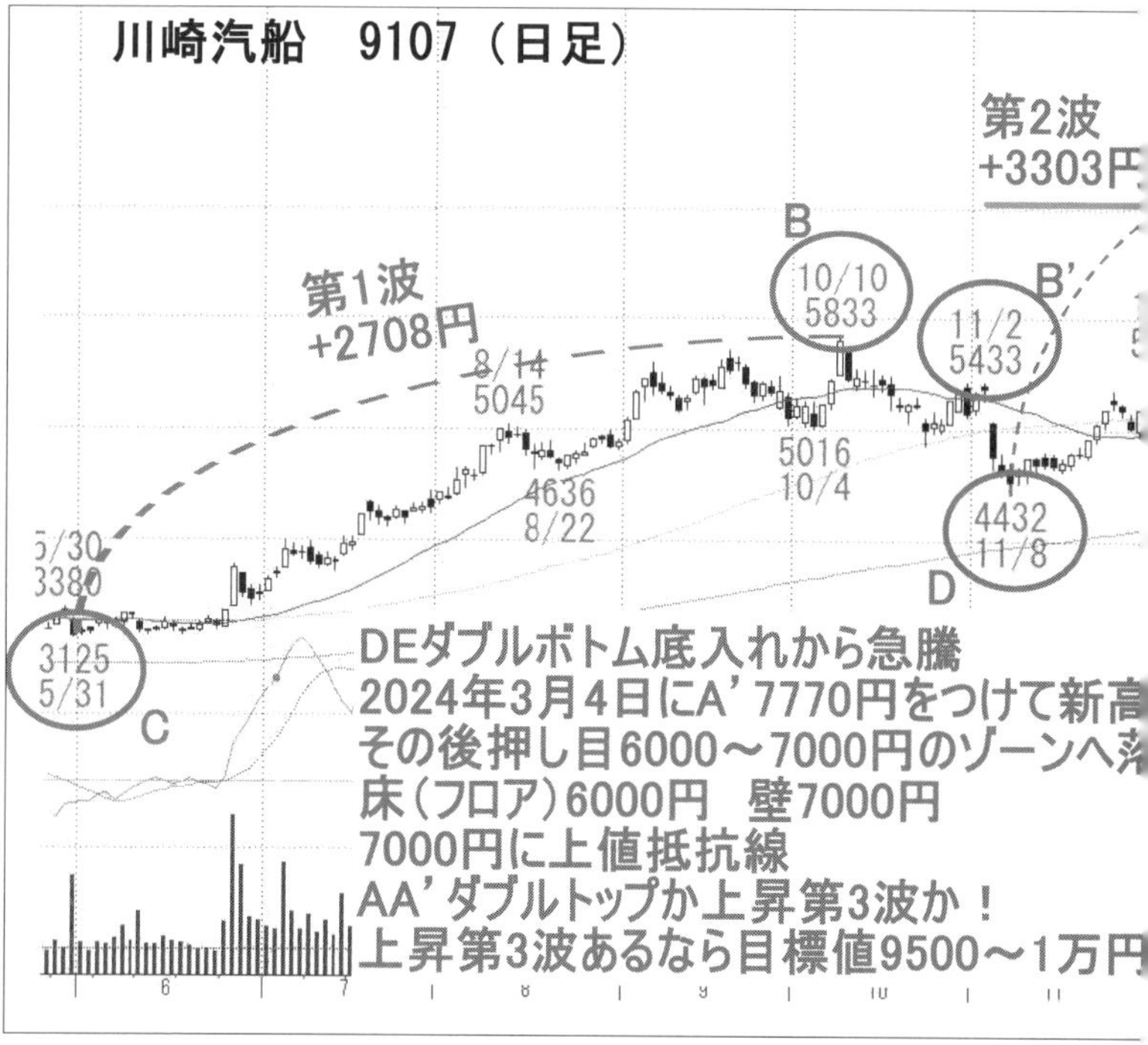
川崎汽船　9107（日足）
第2波
+3303円
B
10/10
5833
B'
11/2
5433
第1波
+2708円
8/14
5045
5016
10/4
4636
8/22
5/30
3380
4432
11/8
D
3125
5/31
C
DEダブルボトム底入れから急騰
2024年3月4日にA' 7770円をつけて新高
その後押し目6000～7000円のゾーンへ落
床（フロア）6000円　壁7000円
7000円に上値抵抗線
AA' ダブルトップか上昇第3波か！
上昇第3波あるなら目標値9500～1万円
6
7
8
9
10
11

石油タンカーなどを運航する。また、日本で初めて自動車専用船を導入した企業でもある。

コンテナ船事業では、韓国の韓進海運、台湾の陽明海運、中国のコスコ・コンテナラインと海運アライアンス「ＣＫＹＨグループ」を組んでいる。

２０２３年は、中間、期末配当ともに３００円となり、注目された。２０２４年は中間、期末とも１００円の配当を予定。

2593

伊藤園

東証 PRM

食料品

ポイント

①お茶製品の最大手。値上げ効果もあり大幅増益、最高純益で増配予想
②インバウンド関連で新NISA銘柄の注目株

2024年3月8日現在

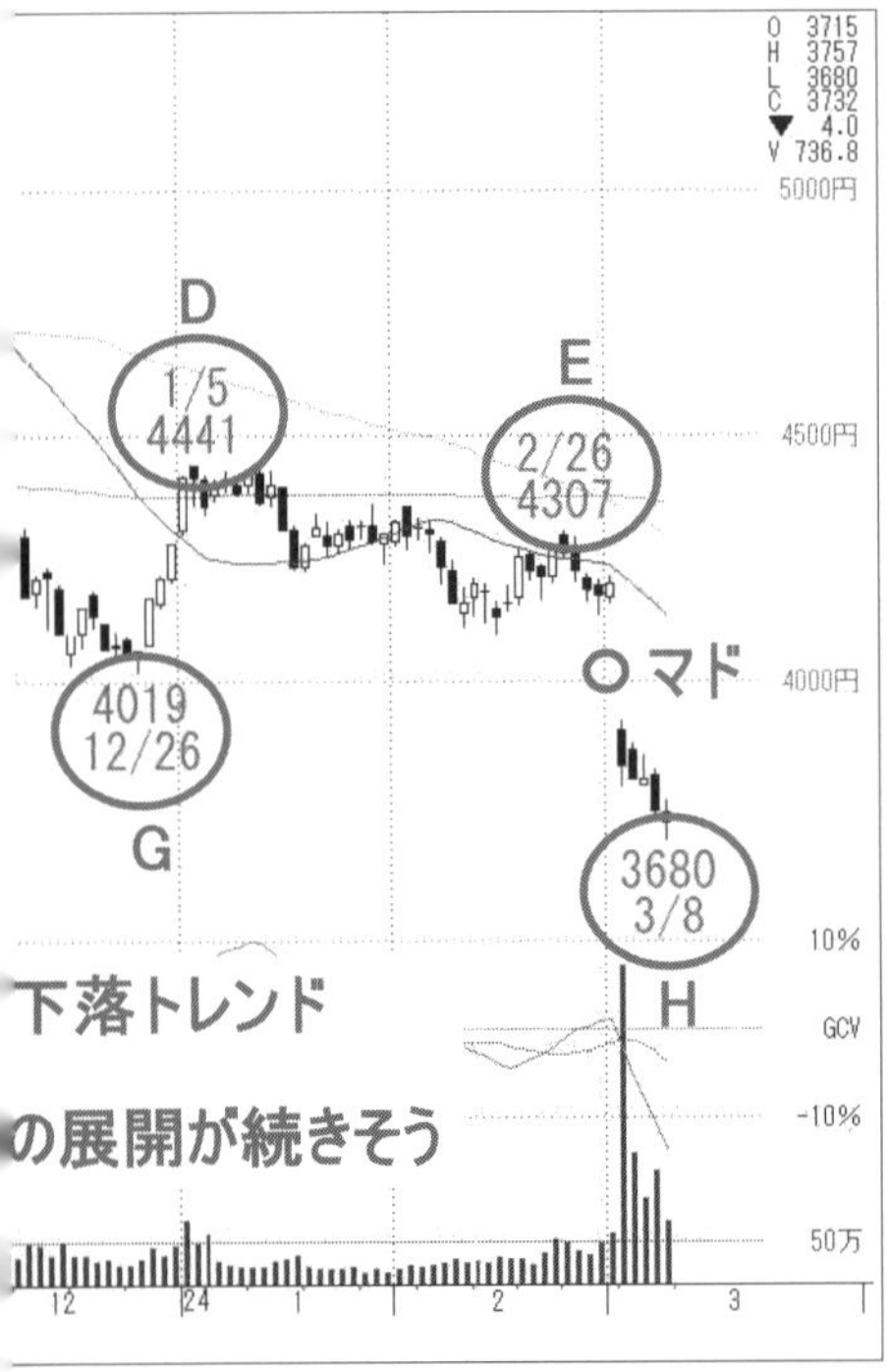

O 3715
H 3757
L 3680
C 3732
▼ 4.0
V 736.8
5000円
4500円
4000円
D
1/5
4441
E
2/26
4307
4019
12/26
G
○マド
3680
3/8
H
10%
GCV
-10%
50万
下落トレンド
の展開が続きそう
12
24
1
2
3

1966年の創業以来、緑茶、ほうじ茶、ウーロン茶、紅茶、麦茶などの「茶葉」や「ティーバッグ」「インスタント」製品の開発や、原料の仕入れ、加工、包装、販売までを手掛ける。茶系飲料では有名な「お

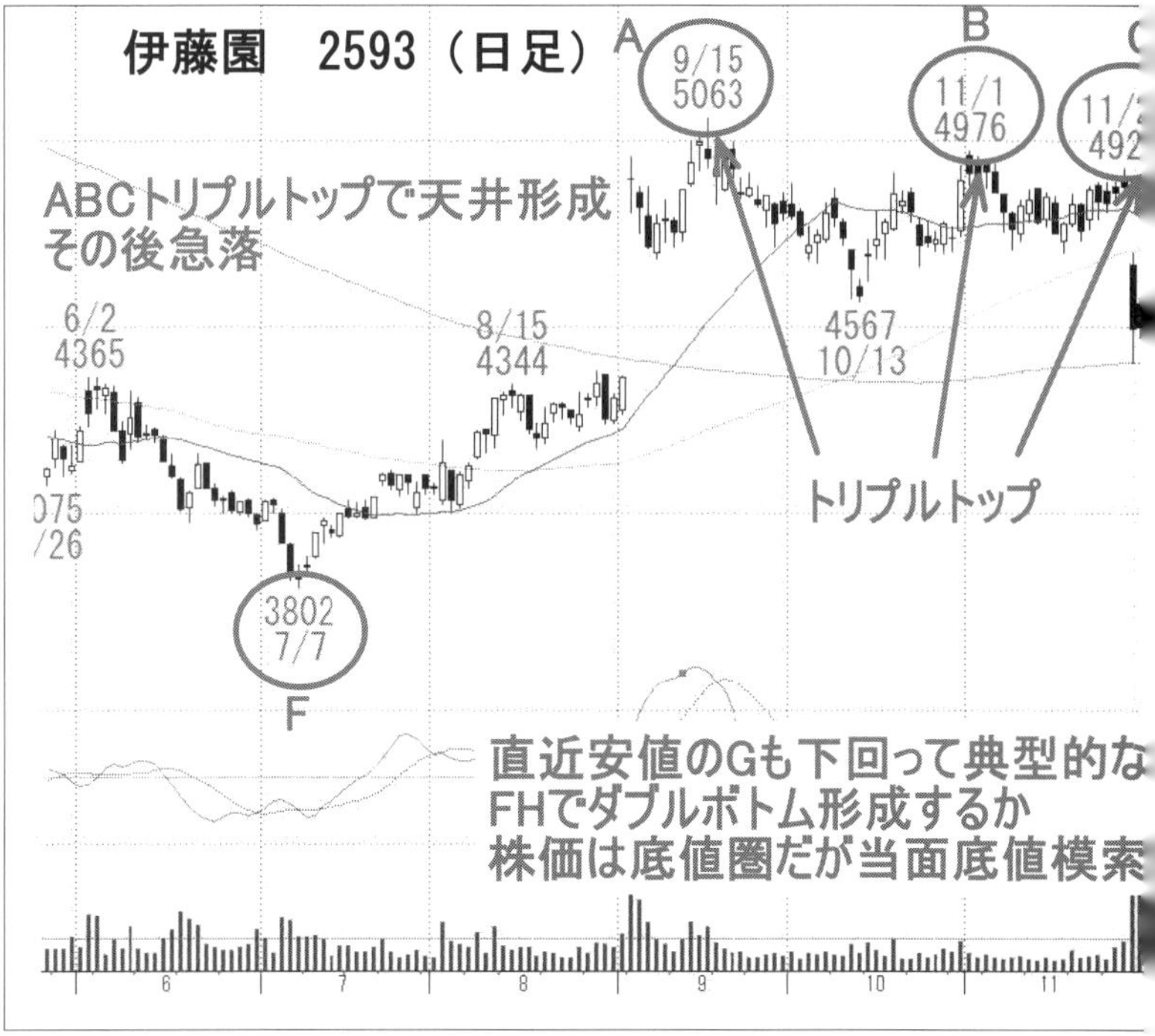
伊藤園　2593（日足）
A
9/15
5063
B
11/1
4976
ABCトリプルトップで天井形成
その後急落
6/2
4365
8/15
4344
4567
10/13
トリプルトップ
3802
7/7
F
直近安値のGも下回って典型的な
FHでダブルボトム形成するか
株価は底値圏だが当面底値模索
6
7
8
9
10
11

〜いお茶」ブランドをはじめ、「1日分の野菜」ブランドなどの野菜飲料、「TULLY'S COFFEE」ブランドなどのコーヒー飲料、ミネラルウォーター、炭酸飲料、乳飲料の開発や、原料の仕入れ、加工、販売を手掛けている。なお、飲料化（ボトリング）に関しては、飲料製造企業に委託する「ファブレス方式」（沖縄を除く）を採用。

株価は当面底値を模索する展開。

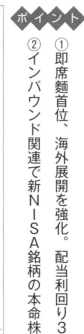

2897

日清食品ホールディングス

東証 PRM

食料品

ポイント

①即席麺首位、海外展開を強化。配当利回り3・42％と高く、PBR1倍

②インバウンド関連で新NISA銘柄の本命株

2024年3月8日現在
B
1/17
5203
O 4220
H 4232
L 4182
C 4221
▼ 64.0
V1554.4
5000円
14105
4701
12/19
D
4500円
4182
3/8
E
4000円
トップで天井形成
幅下落
500円のゾーンに落下
)4000円　壁4500円
月8日の安値E4182円近辺で
か！?
10%
GCV
-10%
50万

「チキンラーメン」を開発した安藤百福が1958年に創業し、日本のインスタントラーメンの草分けであり、カップラーメンで有名な日清食品を中核とする持ち株会社。

「チキンラーメン」は20

日清食品ホールディングス　2897（日足）
A
+1286円
8/3
4398
13195
10/10
4413
13240
9/8
4276
12830
6/7
4125
12375
12055
4018
8/22
12125
4041
9/22
11680
3893
5/31
11635
3878
7/14
11815
3938
10/18
C
ABダブル
その後大
4000〜4
床（フロア
2024年3
底値模索
6
7
8
9
10

23年で65周年を迎え、カップラーメン発売からも32年と息の長いブランドを有するとともに、常に新しい食の文化を創造し続ける食文化創造集団を目指す。

なお、同じ日清を名乗る日清製粉グループ、日清オイリオグループ、日清医療食品、日清紡ホールディングスとは無関係。

株価は底値を模索する展開だが、増収増益、連続増配が予想される。

4527

ロート製薬

東証 PRM

医薬品

ポイント

①主力の目薬が好調、ヘルスケア製品でも高いシェア
②最高純益連続増配で、新NISA銘柄の注目株

2024年3月8日現在

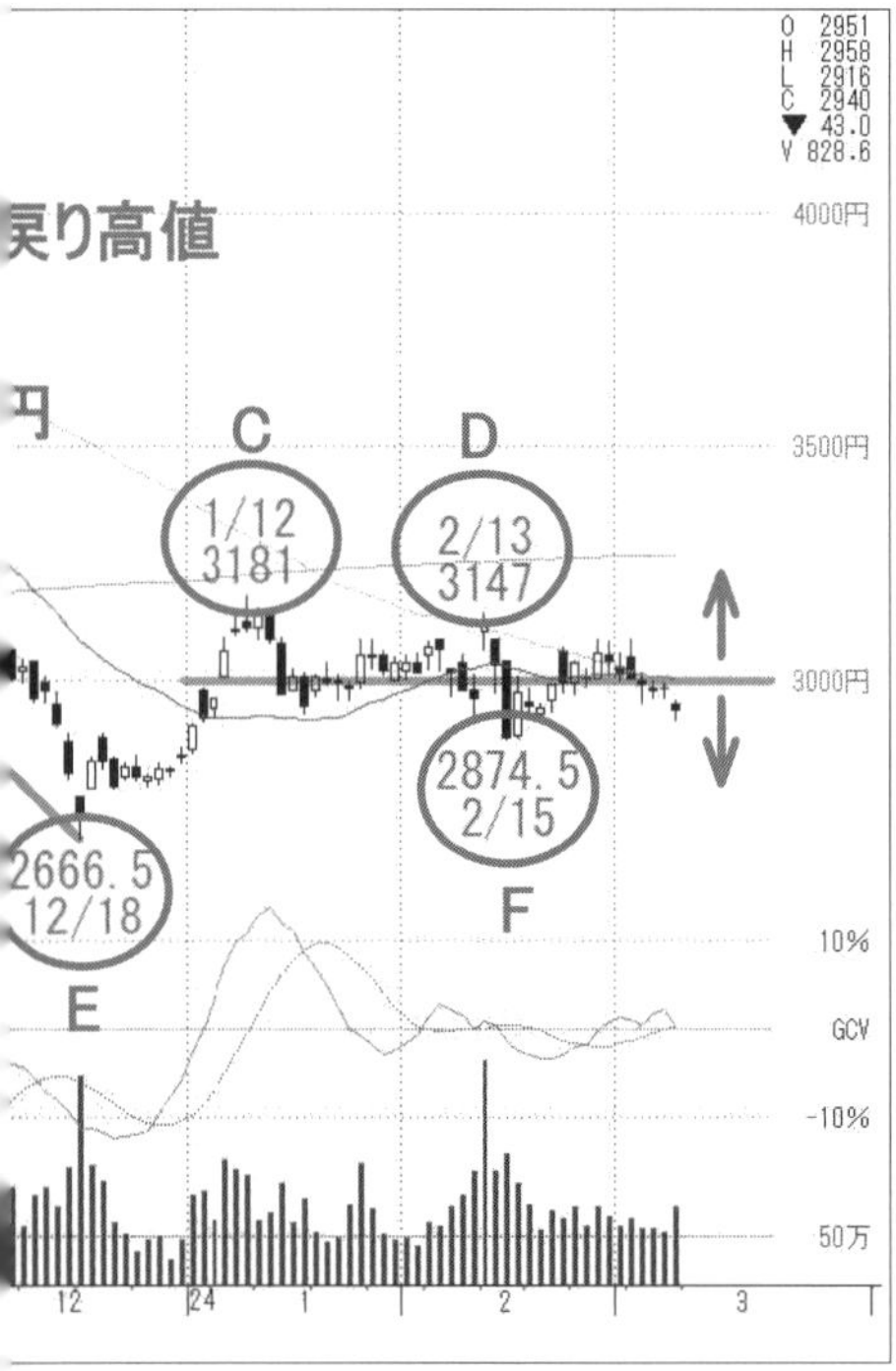

O 2951
H 2958
L 2916
C 2940
▼ 43.0
V 828.6
戻り高値
円
C
1/12
3181
D
2/13
3147
2874.5
2/15
F
2666.5
12/18
E
4000円
3500円
3000円
10%
GCV
-10%
50万
12
24
1
2
3

1899年に「信天堂山田安民薬房」として創業。現在のコア領域の事業は、胃腸薬や一般向け目薬をはじめとする一般用医薬品（OTC医薬品）、およびスキンケア事業であり、医療用医薬品は扱っていない。

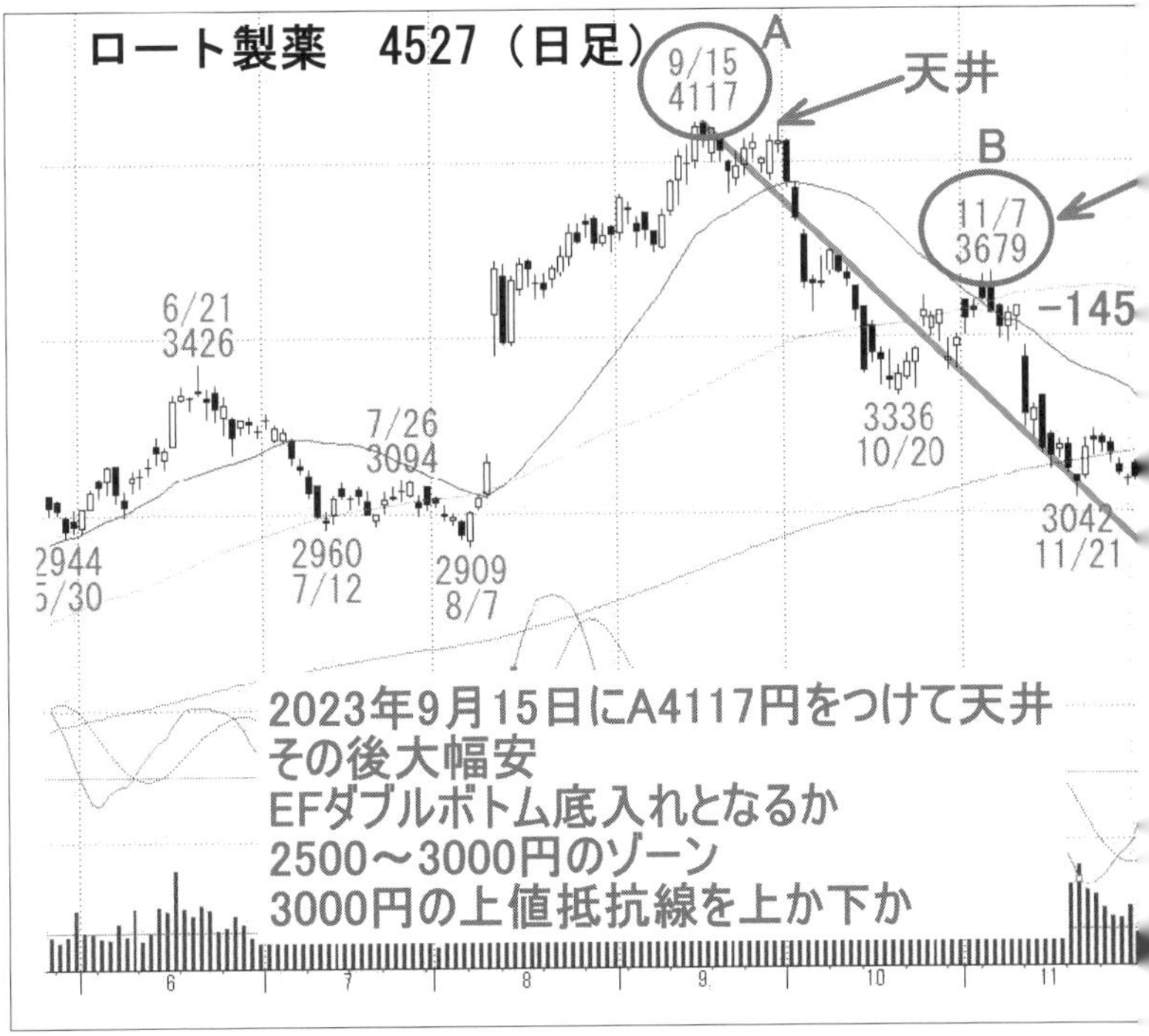
ロート製薬　4527（日足）
A
9/15
4117
天井
B
11/7
3679
−145
6/21
3426
7/26
3094
3336
10/20
2944
5/30
2960
7/12
2909
8/7
3042
11/21
2023年9月15日にA4117円をつけて天井
その後大幅安
EFダブルボトム底入れとなるか
2500～3000円のゾーン
3000円の上値抵抗線を上か下か
6
7
8
9
10
11

主力の一般用目薬ではトップシェア。グループ企業としてアメリカ合衆国のメンソレータム社を傘下に。

事業領域ビジョン2030において、コア領域の第3の柱として機能性食品事業の成長を狙う。その他医療用眼科、再生医療、開発製造受託も事業拡大領域として注力対象としている。

2023年1月、ミドリムシで有名な株式会社ユーグレナと資本業務提携。

4901

富士フイルムホールディングス

東証 PRM

化学

ポイント

①写真フィルムから医療液晶材料などに事業転換。連続最高益

②カメラ事業も円安が追い風。医療関係バイオ関連なども伸びる

2024年3月8日現在

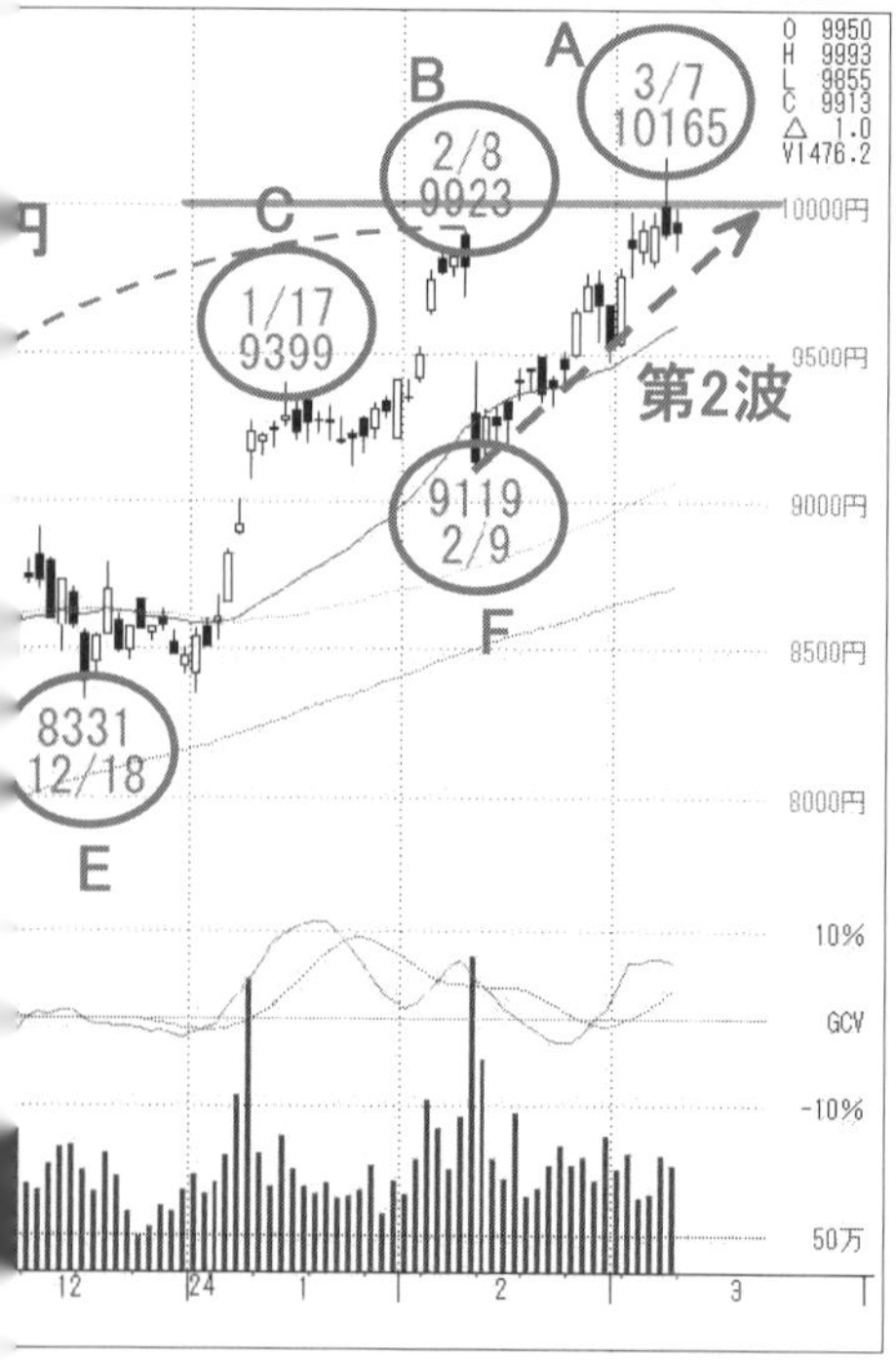

O 9950
H 9993
L 9855
C 9913
△ 1.0
V1476.2
A
3/7
10165
B
2/8
9923
C
1/17
9399
第2波
9119
2/9
F
8331
12/18
E
10000円
9500円
9000円
8500円
8000円
10%
GCV
-10%
50万
12
24
1
2
3

写真フィルムがメインの精密化学メーカーだったが、デジカメの普及による写真フィルム市場の衰退を乗り越え、業態転換に成功。複数の事業分野を軌道に乗せている。

デジタルカメラ、エック

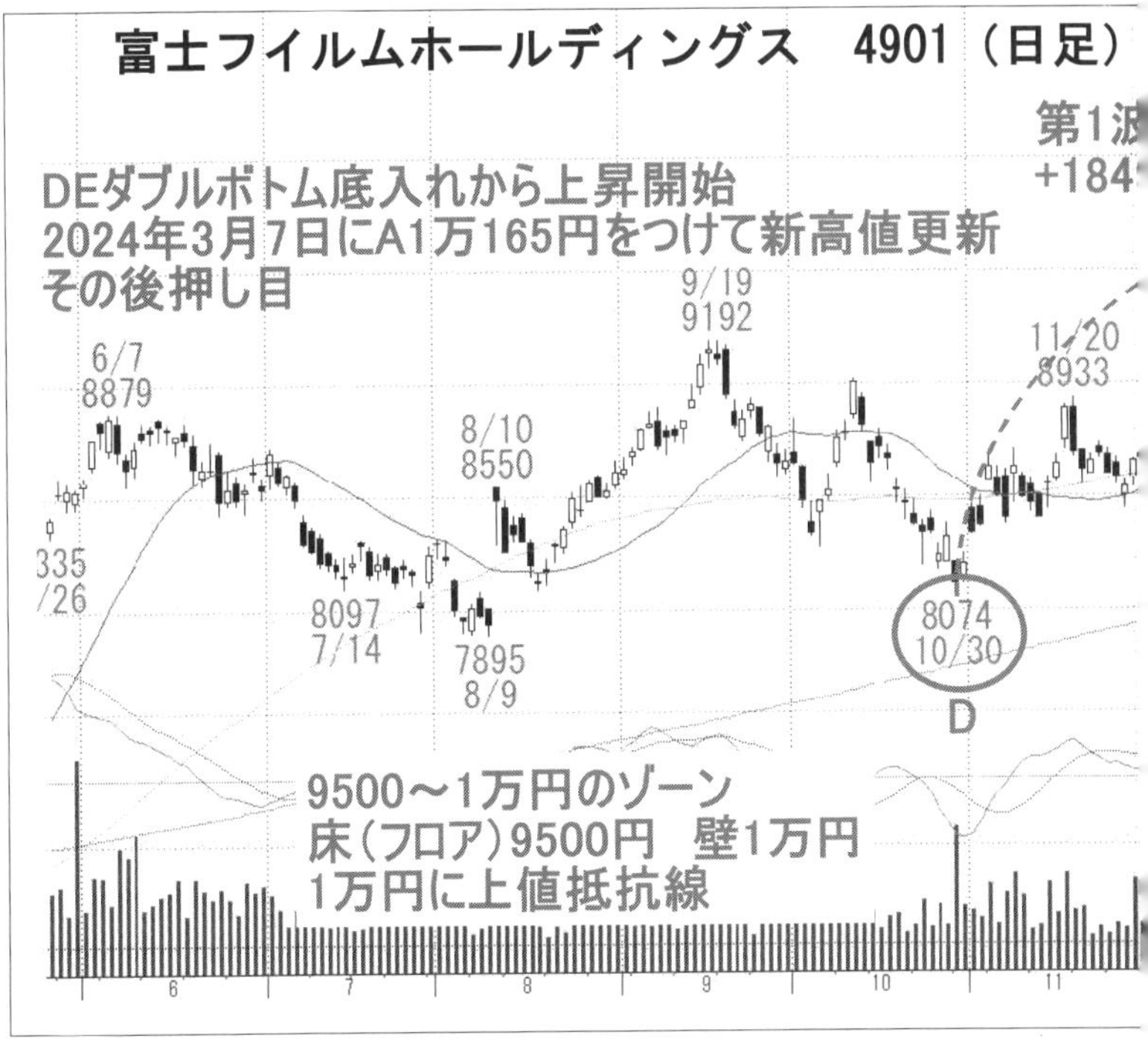
富士フイルムホールディングス　4901（日足）
第1波
+184
DEダブルボトム底入れから上昇開始
2024年3月7日にA1万165円をつけて新高値更新
その後押し目
6/7
8879
9/19
9192
11/20
8933
8/10
8550
335
/26
8097
7/14
7895
8/9
8074
10/30
D
9500～1万円のゾーン
床（フロア）9500円　壁1万円
1万円に上値抵抗線
6
7
8
9
10
11

ス線写真、現像装置などに至る写真システムの一式、複写機などのＯＡ機器などのほか、ディスプレイ用フィルム部材、刷版、印刷システム、医薬品、化粧品、健康食品や高機能化学品も製造・販売している。

近年は医療用機器の製造受託に注力しており、巨大投資を行っている。

株価は３月７日に１万１６５円をつけて新高値更新。上昇第２波あるか。

5019

出光興産

東証 PRM

石油・石炭製品

ポイント

①石油元売事業で国内第2位。石油価格や原油石炭開発が主力

②2023年12月31日基準日で株式5分割、増配、株主優待などに注力

1911年に出光佐三が創業。石油・石炭製品の製造・販売がメインだが、電子材料の製造・販売、またEV用次世代電池の全固体電池の主要材料となる固体電解質の研究開発では数多くの特許を保有している。

2024年3月8日現在

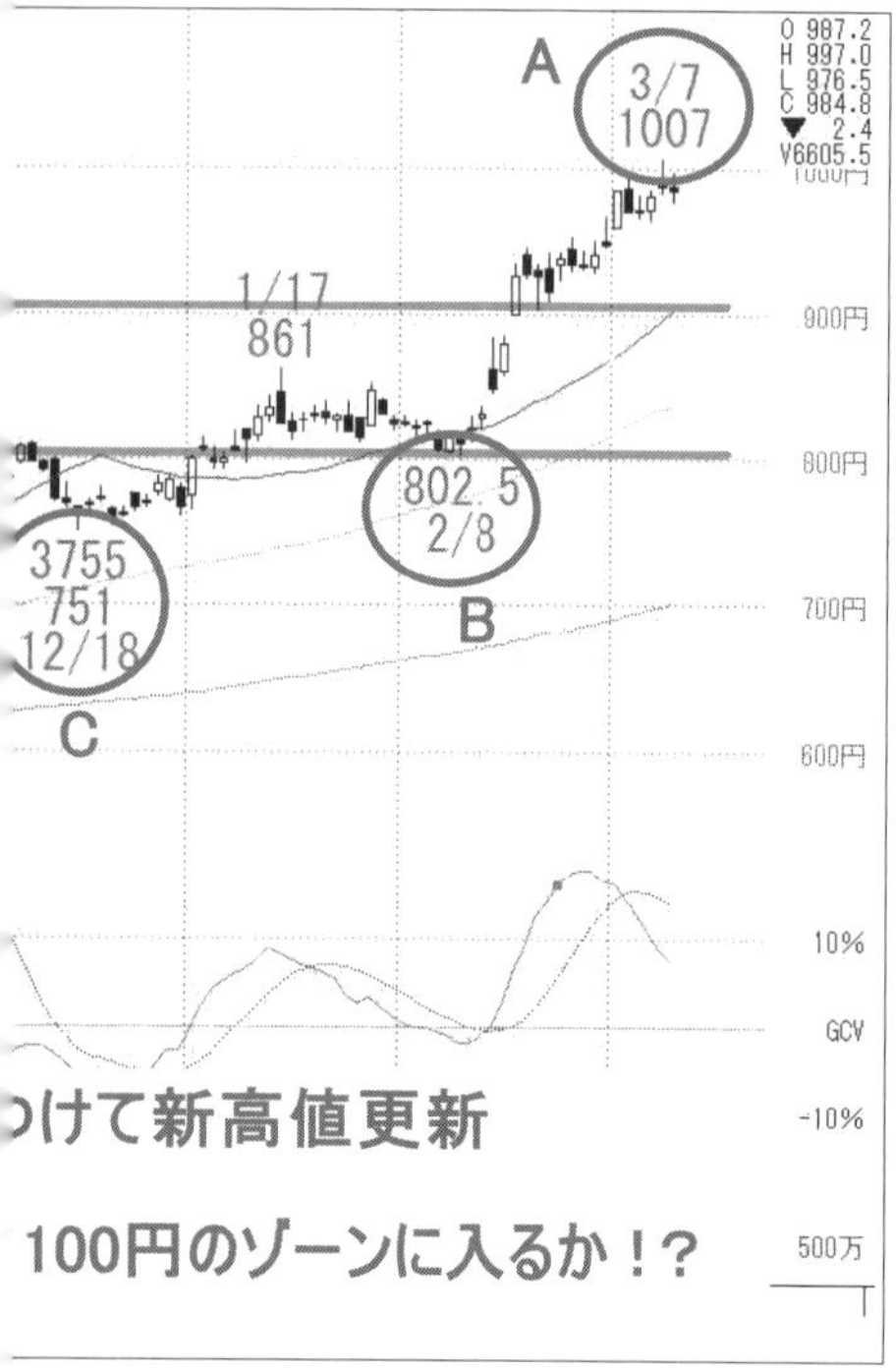

O 987.2
H 997.0
L 976.5
C 984.8
▼ 2.4
V6605.5
A
3/7
1007
1/17
861
802.5
2/8
B
3755
751
12/18
C
900円
800円
700円
600円
10%
GCV
-10%
500万
つけて新高値更新
100円のゾーンに入るか！？

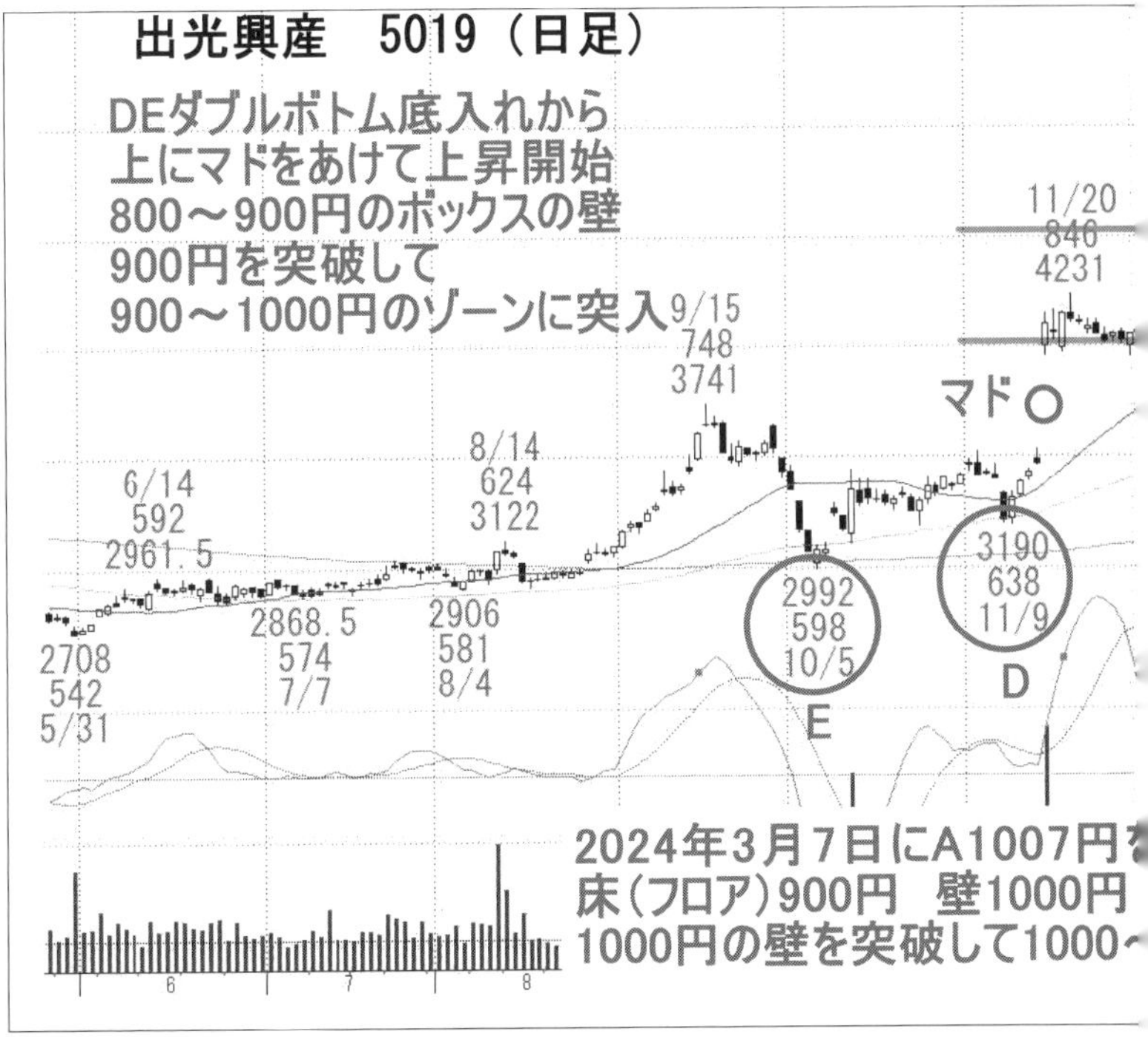
出光興産　5019（日足）
DEダブルボトム底入れから
上にマドをあけて上昇開始
800～900円のボックスの壁
900円を突破して
900～1000円のゾーンに突入
9/15
748
3741
11/20
840
4231
マド○
8/14
624
3122
6/14
592
2961.5
2992
598
10/5
3190
638
11/9
2868.5
574
7/7
2906
581
8/4
2708
542
5/31
E
D
2024年3月7日にA1007円を
床（フロア）900円　壁1000円
1000円の壁を突破して1000～
6
7
8

長らく非上場会社であったが、２００６年に東京証券取引所一部に上場した。２０１９年４月には昭和シェル石油を経営統合により完全子会社化。

２０２３年10月12日、出光興産はトヨタ自動車とともに「バッテリーＥＶ用全固体電池の量産実現に向けた協業を開始」した旨のリリースを発表。日本勢のこの分野での巻き返しを告げるニュースに市場が好感し、出光興産の株価は急騰。

5108

ブリヂストン

東証 PRM

ゴム製品

ポイント

①タイヤで世界首位。タイヤ事業で全世界に展開

②配当利回り3・35%、PBR1・4倍で連続営業増益、増配期待

2024年3月8日現在

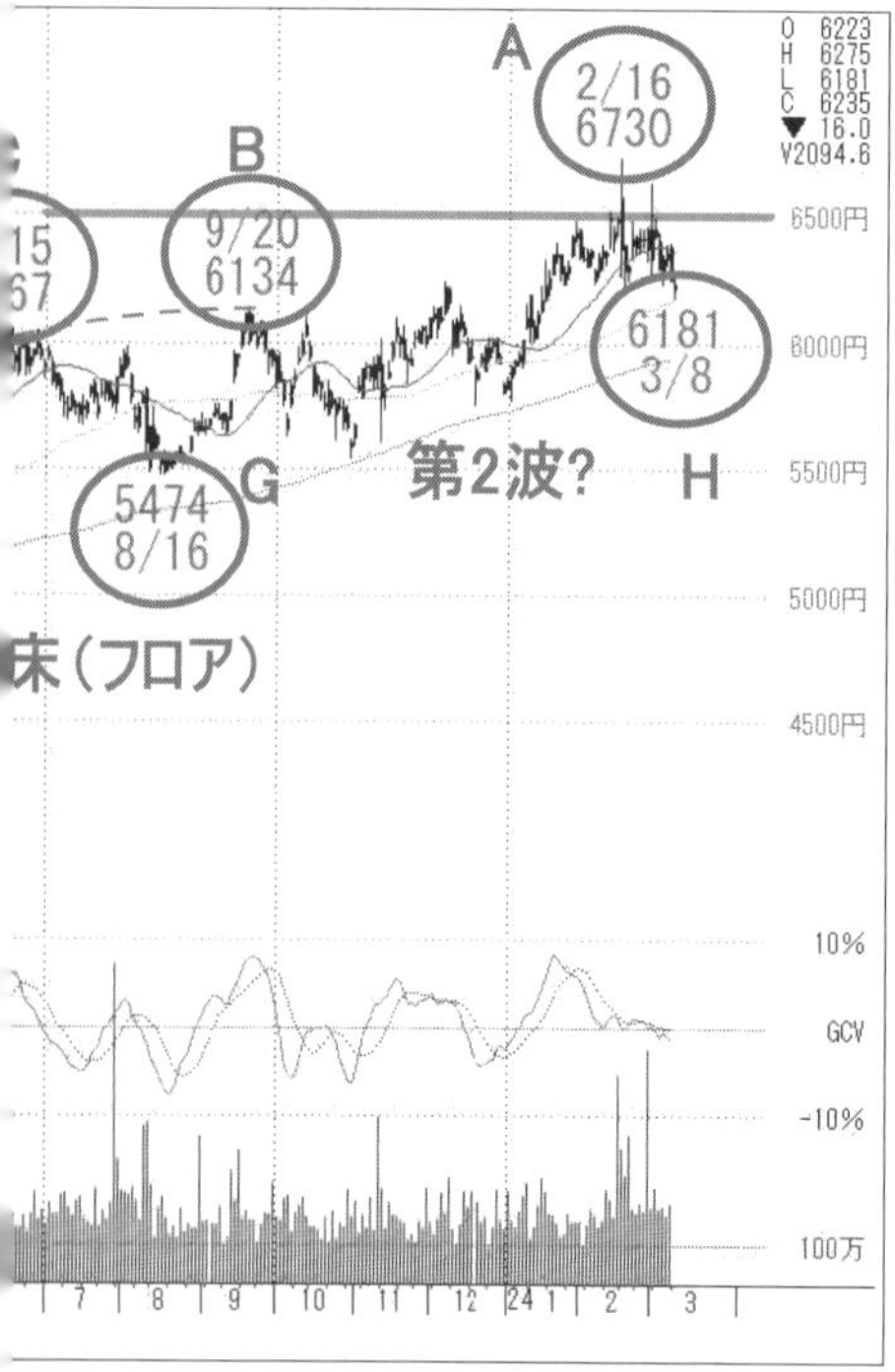

O 6223
H 6275
L 6181
C 6235
▼ 16.0
V2094.6
A
2/16
6730
B
9/20
6134
6181
3/8
5474
8/16
G
第2波?
H
床（フロア）
6500円
6000円
5500円
5000円
4500円
10%
GCV
-10%
100万
7
8
9
10
11
12
24 1
2
3

世界最大のタイヤメーカー。売り上げの約8割はタイヤ。乗用車用、小型トラック用、トラック・バス用タイヤをはじめ、航空機用、建設・鉱山車両用、モーターサイクル用、農業機械用、産業車両用など、幅広い種

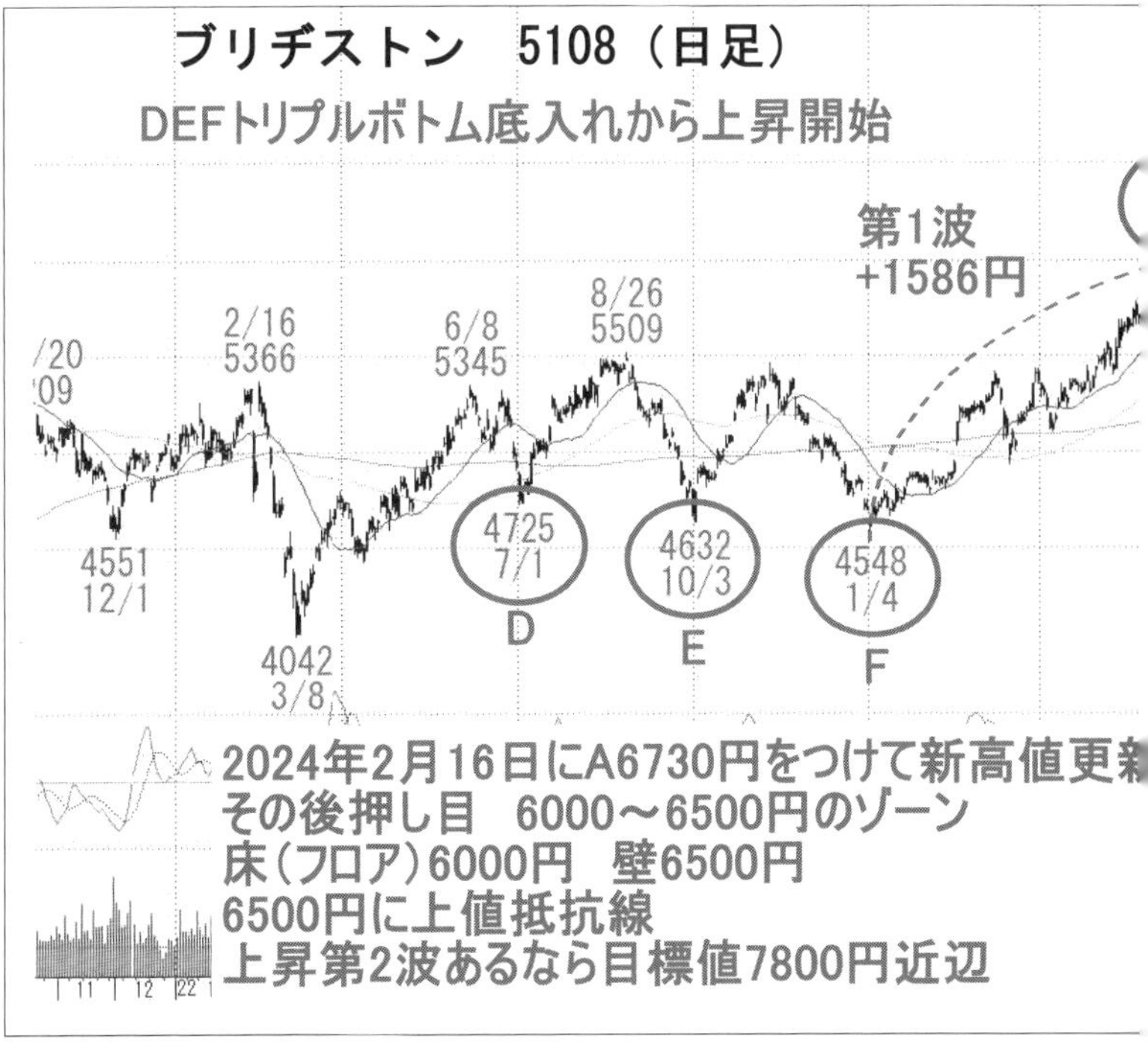
ブリヂストン　5108（日足）
DEFトリプルボトム底入れから上昇開始
第1波
+1586円
2/16
5366
6/8
5345
8/26
5509
4551
12/1
4042
3/8
4725
7/1
D
4632
10/3
E
4548
1/4
F
2024年2月16日にA6730円をつけて新高値更
その後押し目　6000～6500円のゾーン
床（フロア）6000円　壁6500円
6500円に上値抵抗線
上昇第2波あるなら目標値7800円近辺

類のタイヤを世界中で製造販売している。

国内での売り上げは2割にも満たず、もはやブリヂストンは、海外での売り上げが主力。なかでもアメリカでの販売は約5割を占め、ブリヂストンの売り上げを支えている。

タイヤ以外では、自動車用シートパッド、コンベヤベルト、免震ゴムといった自動車用部品や産業資材、建設資材などの商品も提供している。

7267

ホンダ

東証 PRM

輸送用機器

ポイント

①二輪車世界一。欧米に積極展開。空飛ぶ車、ＥＶ自動車にも注力

②配当利回り3・31％にホンダジェットの開発などで新ＮＩＳＡ銘柄の注目株

2024年3月8日現在

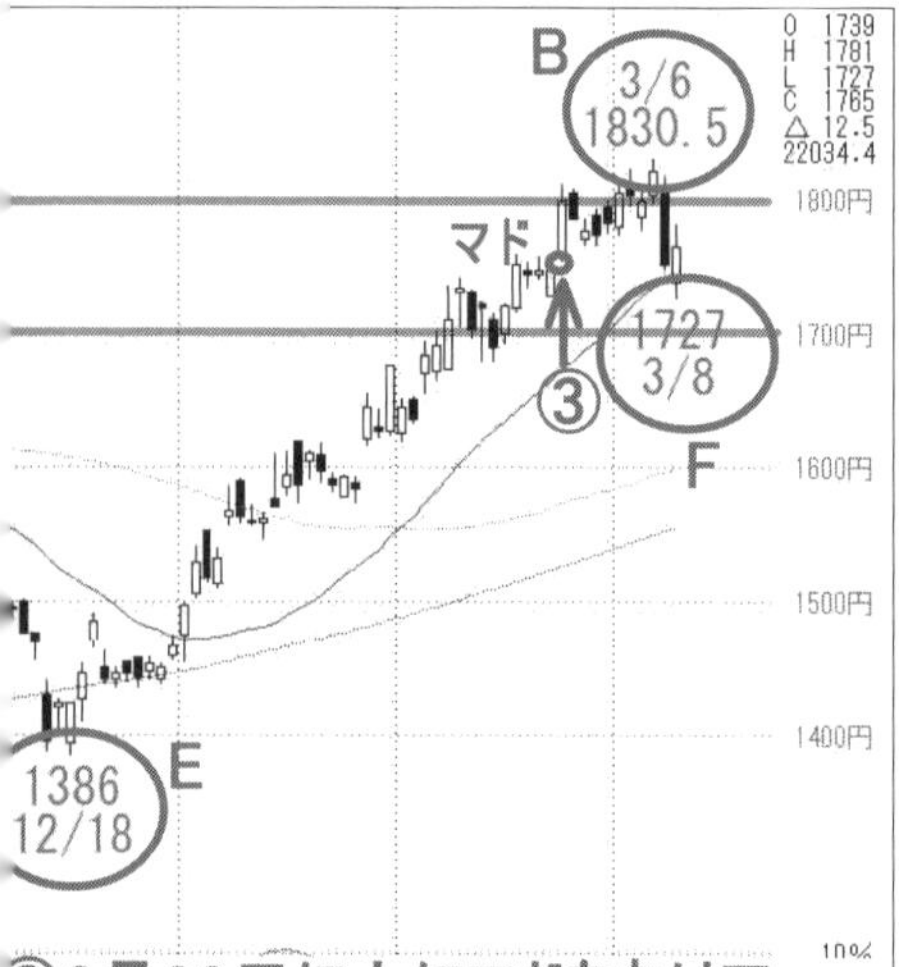
O 1739
H 1781
L 1727
C 1765
△ 12.5
22034.4
B
3/6
1830.5
マド
③
1727
3/8
F
E
1386
12/18
1800円
1700円
1600円
1500円
1400円

③2月22日に上にマドをあけて寄り付き（始値）放《はな》れて陽線が出て上昇のサイン1700円に下値支持線1800円に上値抵抗線ABダブルトップか続伸か

カリスマ経営者の本田宗一郎が１９４６年に創業。オートバイ、自動車およびライフクリエーション事業が主要事業。

新規事業として小型ジェット機のホンダジェットを開発販売し、ベストセラー

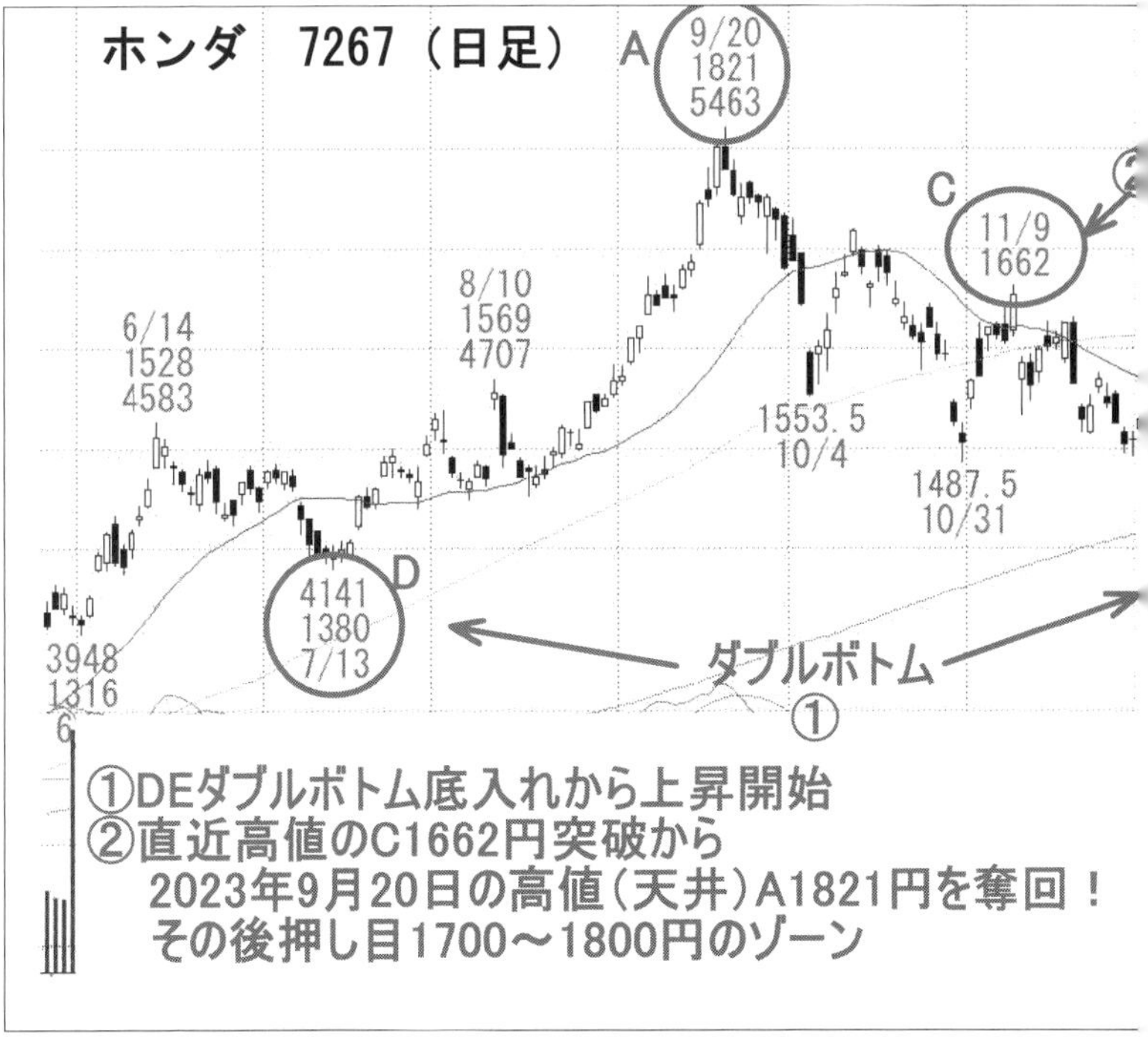
ホンダ　7267（日足）
A
9/20
1821
5463
C
11/9
1662
6/14
1528
4583
8/10
1569
4707
1553.5
10/4
1487.5
10/31
4141
1380
7/13
D
3948
1316
ダブルボトム
①
①DEダブルボトム底入れから上昇開始
②直近高値のC1662円突破から
2023年9月20日の高値（天井）A1821円を奪回！
その後押し目1700～1800円のゾーン

となっている。ホンダジェットに使用するターボファン・エンジンもGEと共同で開発した。また、二足歩行ロボット「ASIMO」に代表される各種ロボティクス機器の研究開発なども展開。

トヨタ同様、EVの開発では出遅れたが、1970年代にアメリカでマスキー法が成立し、CVCCエンジンを開発して厳しい環境規制をクリアするなどその技術力には定評がある。

7867

タカラトミー

東証 PRM

その他製品

ポイント

①玩具大手。インバウンド関連の注目株。最高益更新

②小売企業のキディーランドやガチャが訪日客増加で想定を超す伸び

2024年3月8日現在

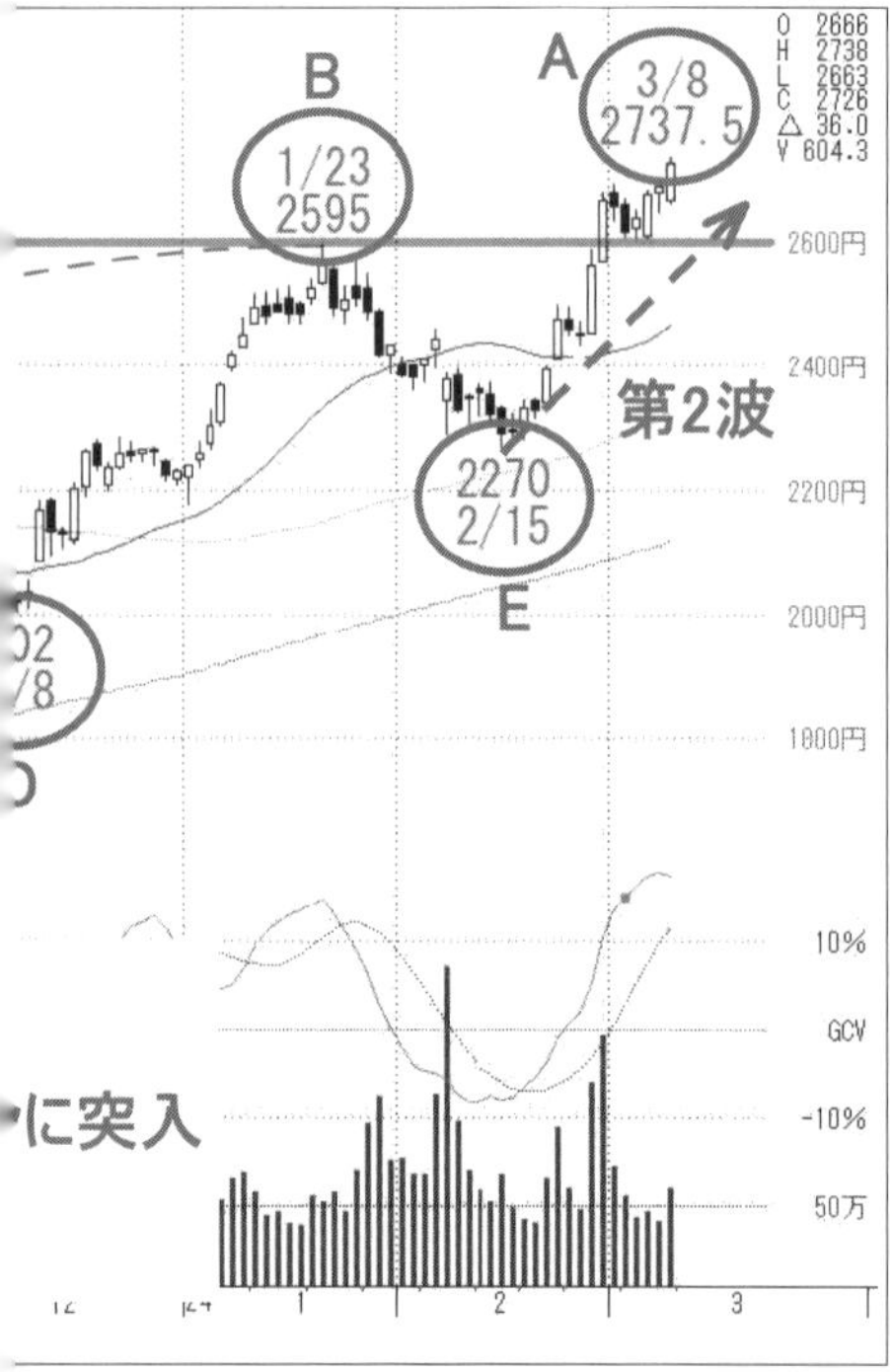

B
1/23
2595
A
3/8
2737.5
第2波
2270
2/15
E
に突入
2600円
2400円
2200円
2000円
1800円
10%
GCV
-10%
50万

玩具メーカーであるタカラとトミーが2006年に合併して発足。

日本国外ではトミーの知名度が高いことから、英文社名に「タカラ」の名称を含めず、旧トミーの英文社名「TOMY COMPANY,

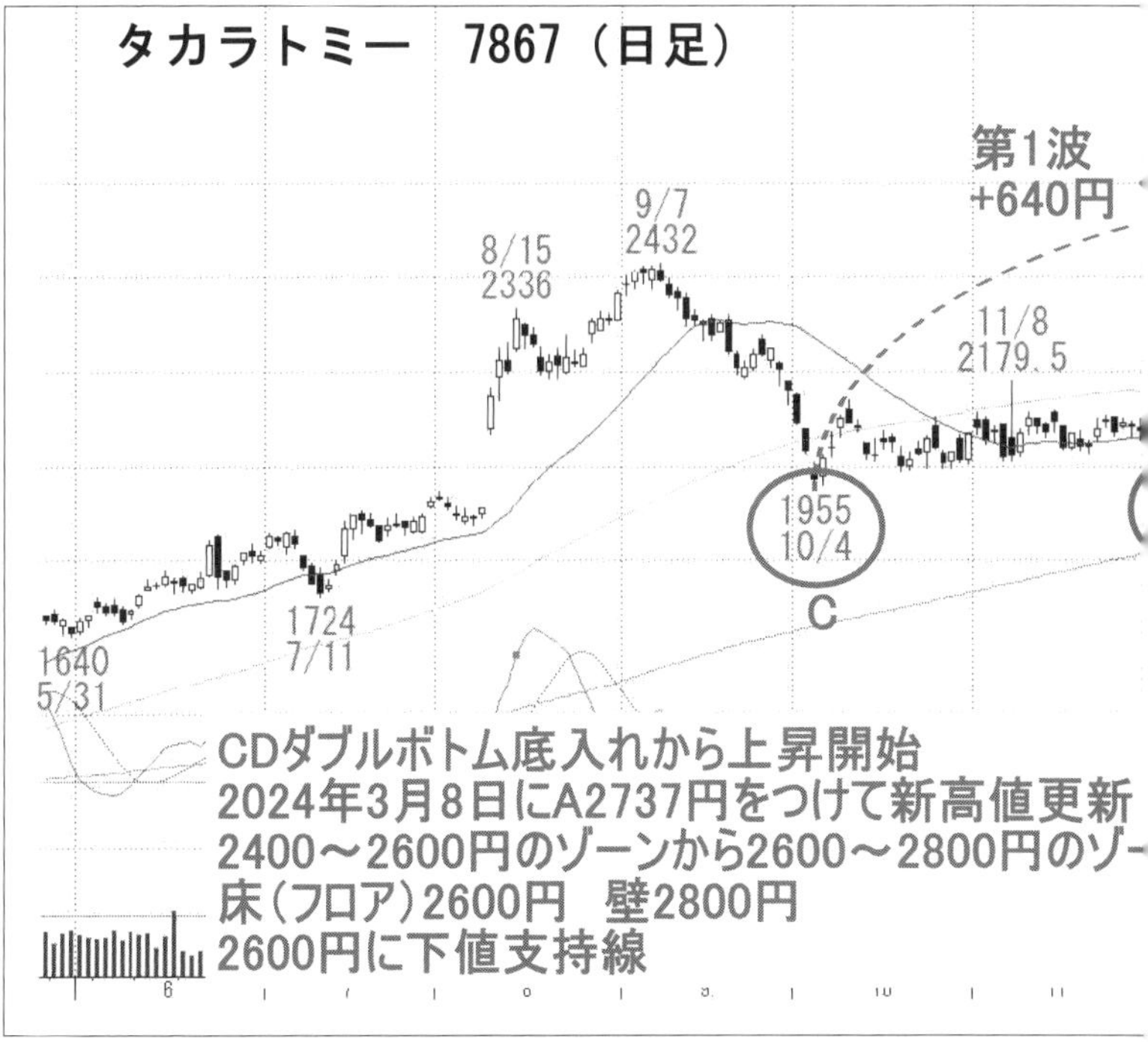
タカラトミー 7867（日足）
第1波
+640円
9/7
2432
8/15
2336
11/8
2179.5
1955
10/4
C
1724
7/11
1640
5/31
CDダブルボトム底入れから上昇開始
2024年3月8日にA2737円をつけて新高値更新
2400～2600円のゾーンから2600～2800円のゾ
床（フロア）2600円 壁2800円
2600円に下値支持線

LTD.」を継続使用している。

2010年から海外展開に注力し、欧州、北米に向けて手のひらサイズのダイキャスト製ミニカーの海外版TOMICAを投入。

「メタルファイト ベイブレード」は、TVアニメの放送とともに全世界で話題になった。

2011年にはグローバルトイカンパニーを目指して、海外進出のプラットフォームとして米国玩具メーカーRC2を買収した。

7974

任天堂

東証 PRM

その他製品

ポイント

①ゲーム機、ハードソフトで総合首位

②海外シェアも高く、ドル建て資産多く、円安効果も大きく、業績好調続く

1970年代後半に家庭用と業務用のコンピュータゲーム機の開発を開始。1983年発売の据え置き型ゲーム機「ファミリーコンピュータ」のゲームソフトとして1985年に発売したスーパーマリオブラザー

2024年3月8日現在

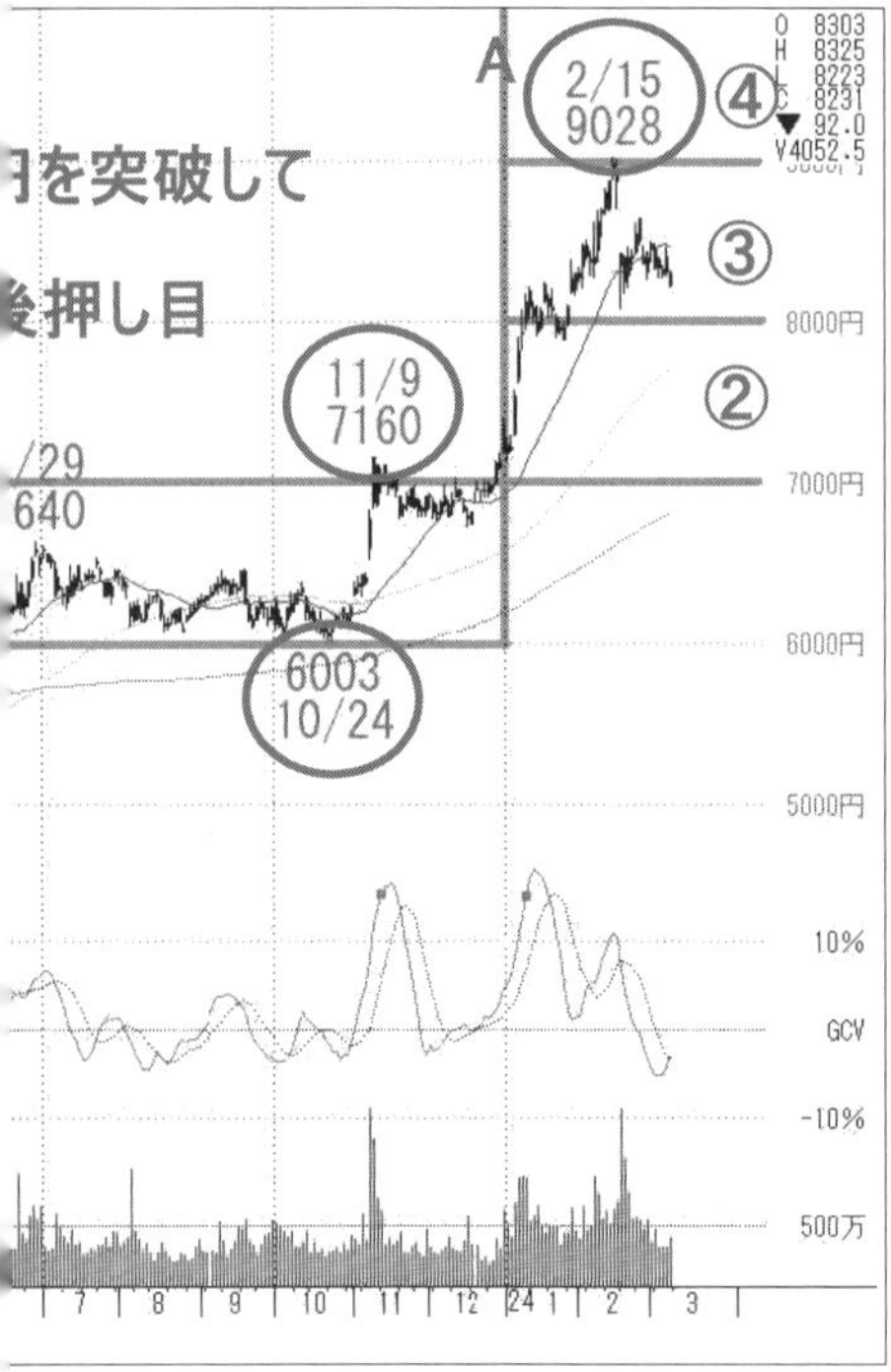

O 8303
H 8325
L 8223
C 8231
▼ 92.0
V4052.5
A
2/15
9028
④
③
②
を突破して
押し目
11/9
7160
6003
10/24
8000円
7000円
6000円
5000円
10%
GCV
-10%
500万

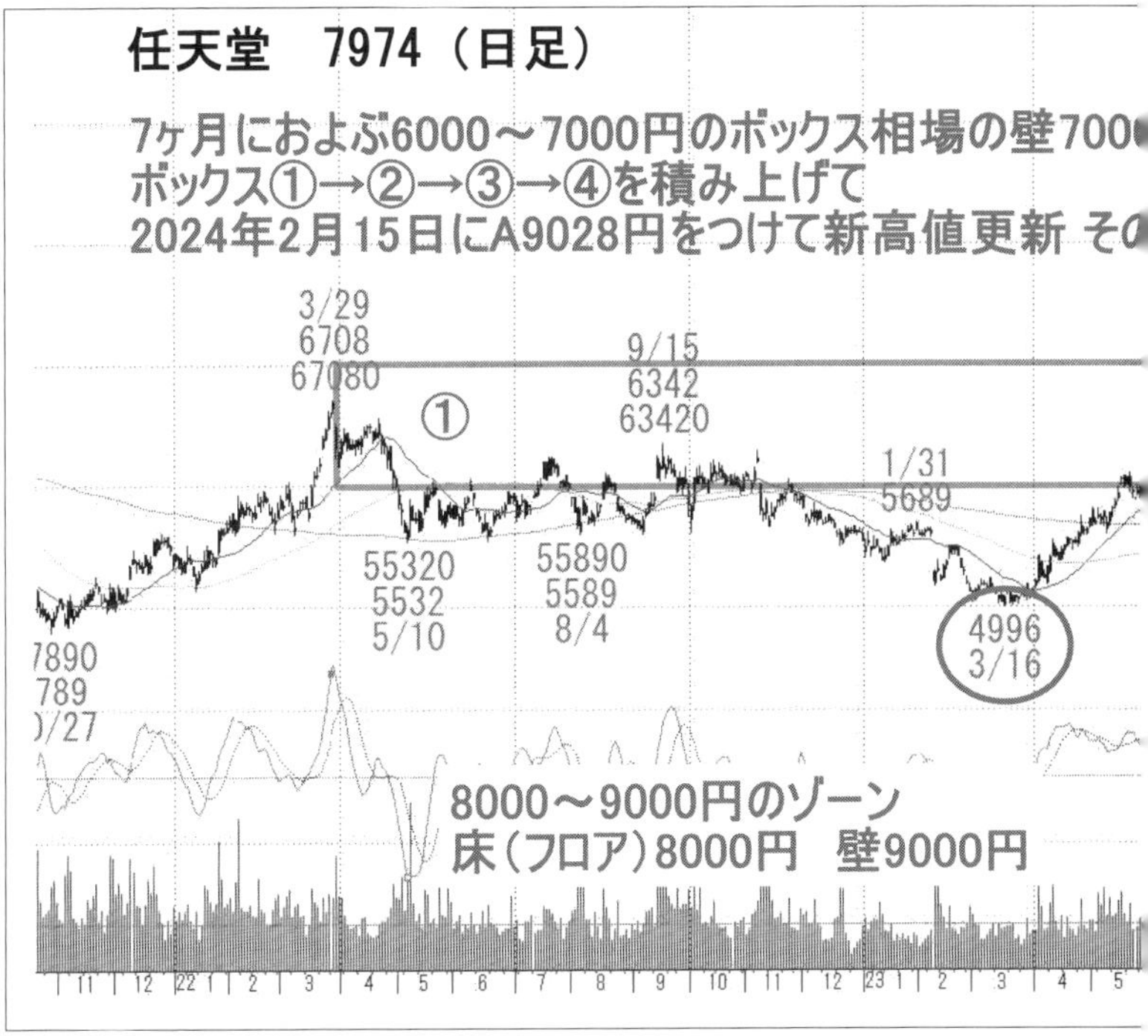
任天堂　7974（日足）
7ヶ月におよぶ6000～7000円のボックス相場の壁700
ボックス①→②→③→④を積み上げて
2024年2月15日にA9028円をつけて新高値更新 その
3/29
6708
67080
①
9/15
6342
63420
1/31
5689
55320
5532
5/10
55890
5589
8/4
4996
3/16
7890
789
0/27
8000～9000円のゾーン
床（フロア）8000円　壁9000円
11
12
22
1
2
3
4
5
6
7
8
9
10
11
12
23
1
2
3
4
5

ズが世界的にヒットしたことでゲーム機やゲームソフトを開発する会社として広く認知されるようになり、グローバル企業として事業を拡大。

　２０１０年代からはマリオシリーズの主人公「マリオ」など、キャラクターのゲーム外での活用を進めている。

　人気家庭用ゲーム機ニンテンドーＳｗｉｔｃｈの新機種が２０２４年末にかけて発売予定。

8136

サンリオ

東証 PRM

卸売業

ポイント

①ハローキティなどキャラクター商品の企画、販売、ライセンス事業も展開

②25年3月期はハローキティ誕生50周年で物販など伸長 増配期待、増配予想

2024年3月8日現在

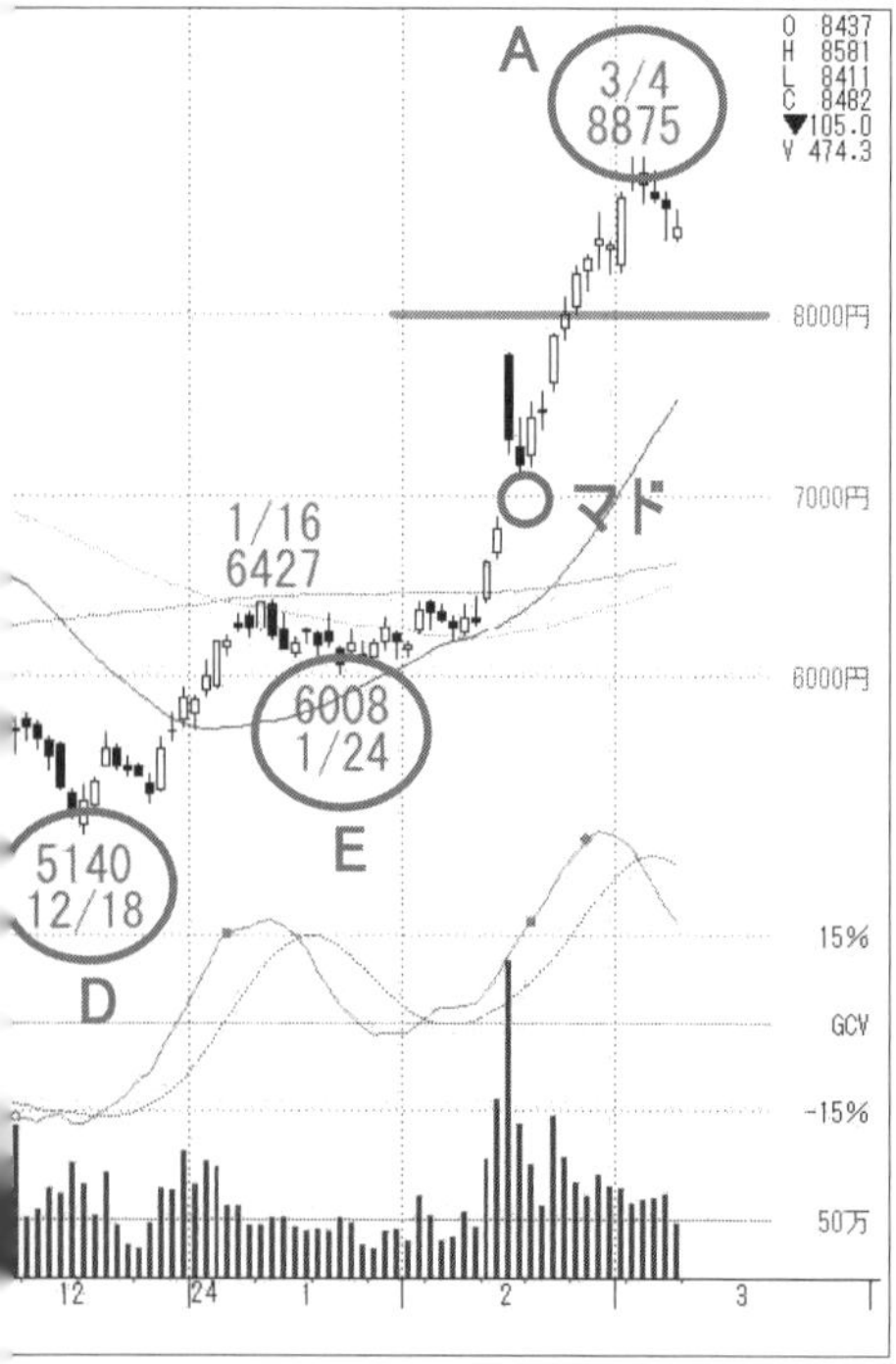

O 8437
H 8581
L 8411
C 8482
▼105.0
V 474.3
A
3/4
8875
8000円
○マド
7000円
1/16
6427
6000円
6008
1/24
E
5140
12/18
D
15%
GCV
-15%
50万
12
24
1
2
3

キャラクターグッズやグリーティングカード等のソーシャルコミュニケーションギフト商品（プレゼント用品）の企画・販売、およびテーマパークの運営などを事業とする企業。

海外でも人気の高いハロ

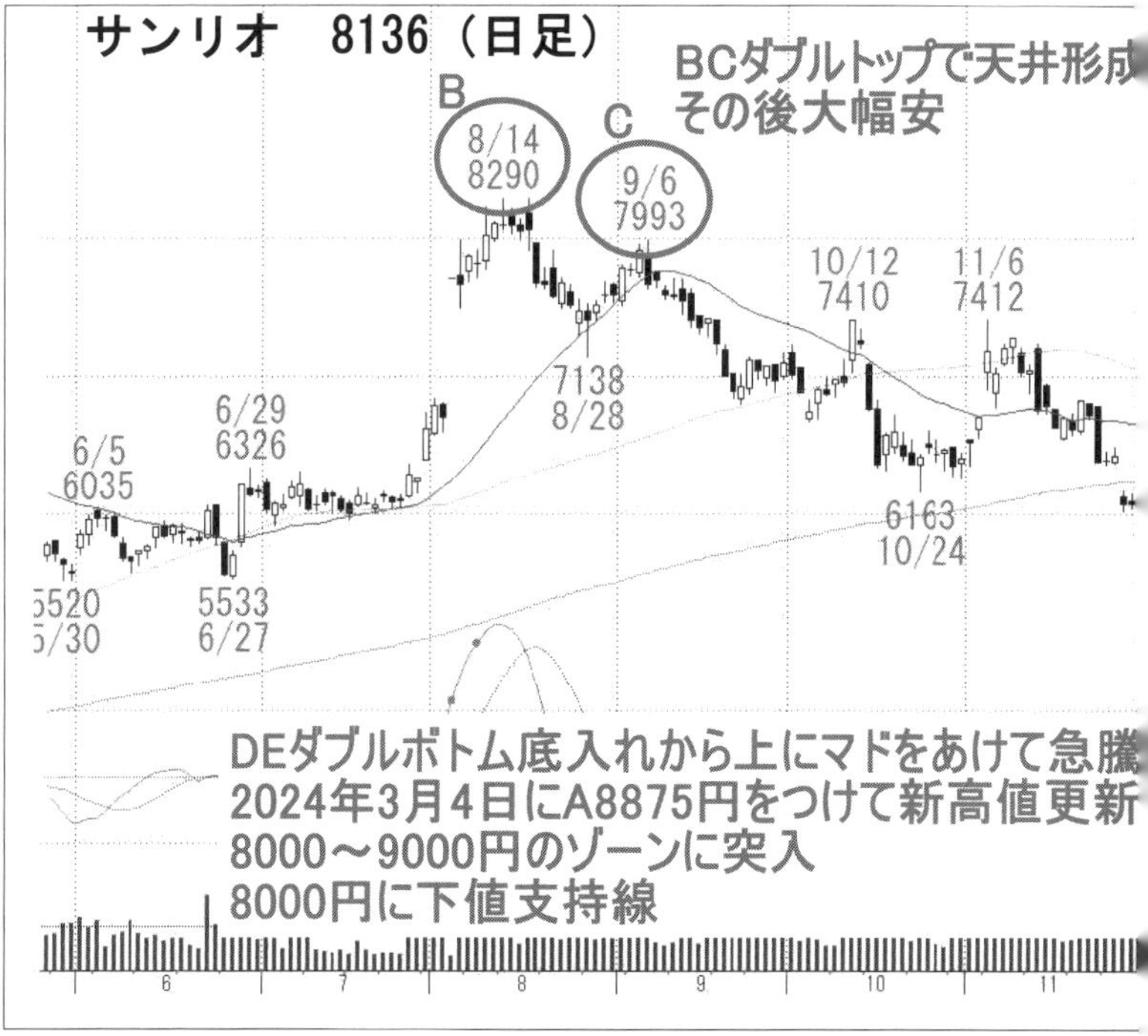
サンリオ　8136（日足）
BCダブルトップで天井形成
その後大幅安
B
8/14
8290
C
9/6
7993
10/12
7410
11/6
7412
7138
8/28
6/29
6326
6/5
6035
6163
10/24
5533
6/27
DEダブルボトム底入れから上にマドをあけて急騰
2024年3月4日にA8875円をつけて新高値更新
8000～9000円のゾーンに突入
8000円に下値支持線
6
7
8
9
10
11

ーキティなど様々なファンシーキャラクターグッズが有名で、自社開発のキャラクター総数は４００種を超える。グリーティングカード事業では日本最大手である。その他に映画製作や出版事業も行う。

　サンリオピューロランド（東京都多摩市）、ハーモニーランド（大分県速見郡日出町）などのテーマパーク事業も手がける。

　インバウンド好調で業績上振れ。

菅下清廣（すがした　きよひろ）
投資家、ストラテジスト、スガシタパートナーズ株式会社代表取締役社長、学校法人立命館顧問、近畿大学世界経済研究所客員教授。ウォール街での経験を生かした独自の視点で相場を先読みし、日本と世界経済の未来を次々と言い当ててきた「富のスペシャリスト」として名を馳せ、「経済の千里眼」との異名も持つ。経験と人脈と知識に裏打ちされた首尾一貫した主張にファンも多く、政財界はじめ各界に多くの信奉者を持っている。著書に、『50年間投資で食べてきたプロが完全伝授！ 一生お金に困らない人の株式投資術』（KADOKAWA）、『2024年大注目！ スガシタ流60銘柄であなたのお金を増やす!!』（秀和システム）、『日経平均４万円時代に世界がうらやむ日本の大化け株を探せ！』（徳間書店）など多数。メールマガジンも好評配信中（無料）。

「スガシタレポートオンライン」は、
https://sugashita-partners.com/report-online/
から登録できます。

世界のお金が新 NISA に殺到！
爆上げする日本株で資産をつくれ

第１刷　2024年3月31日

著　者　菅下清廣
発行者　小宮英行
発行所　株式会社徳間書店
〒141-8202　東京都品川区上大崎3-1-1
目黒セントラルスクエア
電話　編集（03）5403-4344／販売（049）293-5521
振替　00140-0-44392
印刷製本　三晃印刷株式会社

ISBN978-4-19-865805-2